Hauswirtschaft
7–10

Autorinnen:
Heike Böker
Tina Mischke
Gerlinde Peickert

Beraterinnen:
Inge Hochgesang
Ute Manneck

Ernst Klett Verlag
Stuttgart · Leipzig

So arbeitest du mit diesem Buch

Hier erfährst du, wie das Buch „Hauswirtschaft 7–10" aufgebaut ist. Das Buch hat 5 Kapitel (= Module) und einen Anhang. Jedes der 5 Kapitel ist gleich aufgebaut: Es gibt eine **Einstiegsseite**, unterschiedlich viele **Kapitelseiten**, **Methodenseiten** und eine **Abschlussseite**. Jede dieser Seiten hat bestimmte Merkmale.

Einstiegsseite

Kapitelnummer
Hier siehst du, in welchem Kapitel du dich befindest.

Karikatur
Hier findest du eine Situation aus dem Alltag zum Thema des Kapitels.

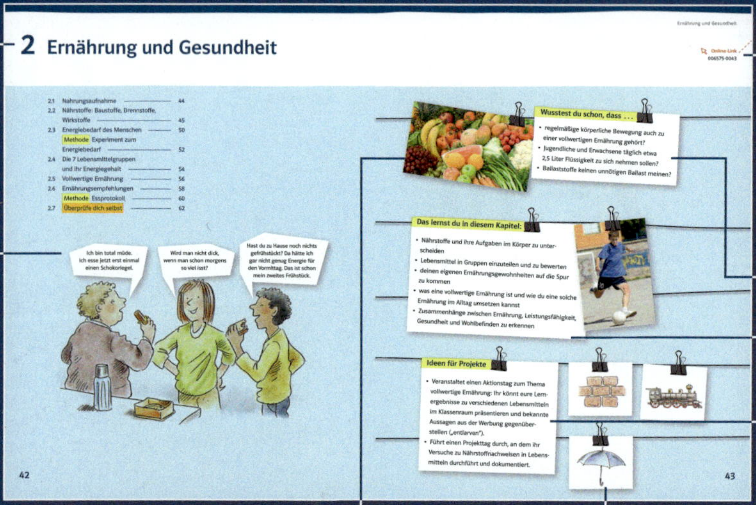

Online-Link
Der Online-Link besteht aus einer Nummer. Diese gibst du einfach auf der Klett-Homepage ein und erhältst weiterführende Informationen oder Aufgaben zum Thema.

Zettel
Hier findest du einige **interessante Aussagen** zum Thema des Kapitels.

Dieser **Ausblick** zeigt dir, was du u. a. in diesem Kapitel lernen wirst.

Während oder nach der Bearbeitung des Kapitels könnt ihr überlegen, ob ihr ein solches **Projekt** gemeinsam durchführen wollt.

Fotos/Zeichnungen
Das sind Fotos oder Zeichnungen zu dem Kapitel. Was fällt dir dazu ein? Kannst du dir vorstellen, welchen Bezug die Abbildungen zum Kapitelthema haben können?

Kapitelseite

Verweise
In der Randspalte gibt es verschiedene Verweise (siehe Seite 3 unten).

Aufgaben
Die Aufgaben befinden sich immer unten auf der Seite im blauen Balken. Es gibt Aufgaben für Einzel-, Partner- und Gruppenarbeit. Schwierigere Aufgaben sind mit einem kleinen Kreis um die Aufgabennummer gekennzeichnet: ⑥.

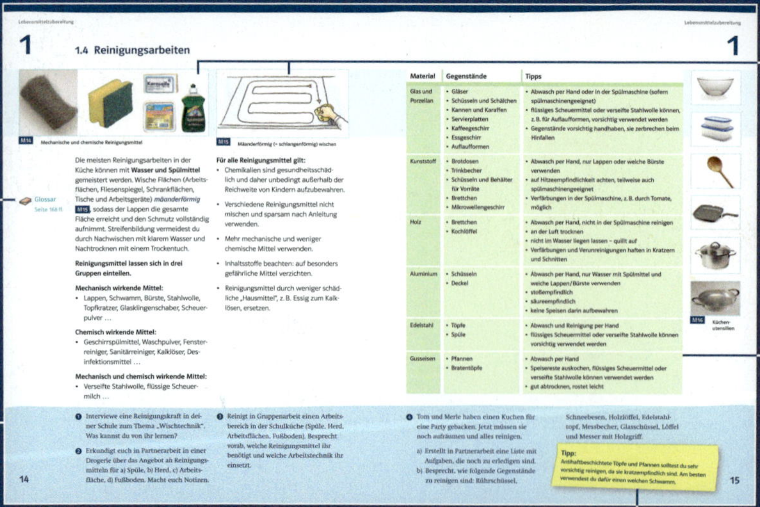

Fotos/ Zeichnungen
In der Regel befinden sich Zeichnungen und Fotos oben auf den Seiten. Sie sind mit M (= Material) und einer Nummer betitelt. So kannst du dich gut orientieren, wenn im Text oder in einer Aufgabe von einem bestimmten Foto die Rede ist.

Texte und Tabellen
In der Mitte der Seiten befinden sich Texte und Tabellen mit wichtigen Informationen. Gelb unterlegte Texte beschreiben immer einen Dialog oder eine Szene aus dem Alltag.

Tippzettel
Gelbe Tippzettel geben hilfreiche Tipps und Tricks für deinen Alltag.

Methodenseite

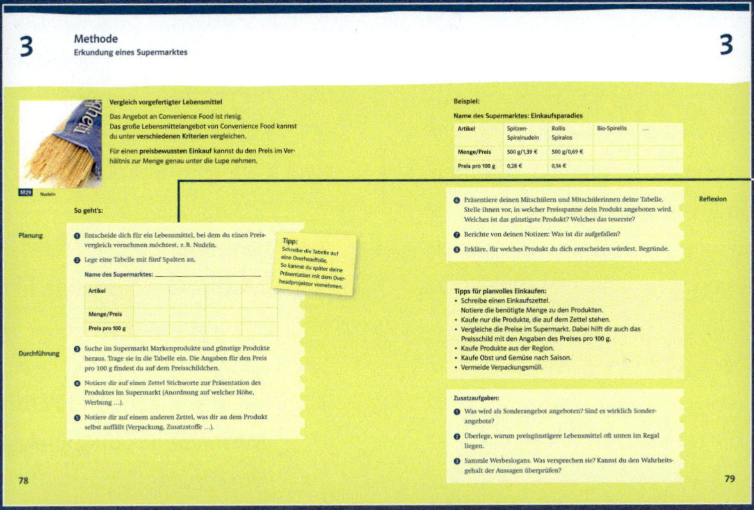

Auf den Methodenseiten wird **Schritt für Schritt** beschrieben, wie du bei der Methode am besten vorgehst. An einem **Beispiel** wird dir gezeigt, wie das konkret aussehen könnte. Die Methoden sind alle übertragbar, das heißt, sie lassen sich auch auf andere Themen und Inhalte anwenden. Probiere es aus.

Abschlussseite „Überprüfe dich selbst"

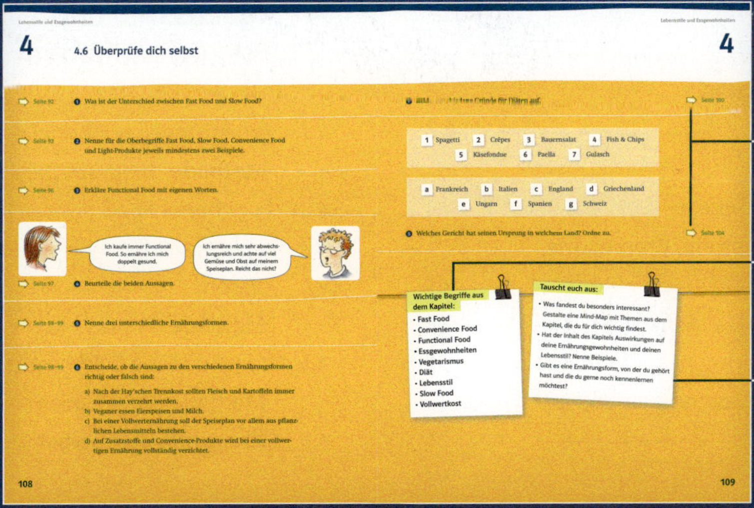

Auf diesen Seiten findest du Fragen, mit denen du selbst prüfen kannst, wie viel du gelernt und was du aus dem Kapitel behalten hast.

Der Verweis mit dem Pfeil zeigt dir, auf welchen Seiten du nachlesen kannst, wenn du etwas vergessen haben solltest.

Diese **wichtigen Begriffe** sind im Kapitel vorgekommen. Weißt du noch, was sie bedeuten? Kannst du sie alle erklären?

Was war für dich in dem Kapitel **neu, erstaunlich oder besonders bedeutsam**? Was nimmst du davon in deinen Alltag mit? Tauscht euch in Partner- oder Gruppenarbeit oder in der ganzen Klasse darüber aus. Sind es ähnliche oder ganz andere Themen, die euch beschäftigt haben?

Verweise

Der Computer verweist auf hilfreiche **Internetseiten** (S. 167), z. B., wenn du nähere Informationen zu einem Thema suchst.

Das Buch verweist auf das **Glossar** (S. 168 ff.). Dort findest du die Begriffe erklärt, die im Text *blau und kursiv* zu sehen sind.

Der **Pfeil** bringt dich zu anderen Seiten im Buch, auf denen ein ähnliches Thema behandelt wird. So kannst du z. B. nachlesen, was du früher schon zu dem Thema gelernt hast.

Die **Kochmütze** führt dich zu den Rezepten am Ende des Buches (S. 136 ff.).

Inhaltsverzeichnis

1 Lebensmittelzubereitung

Online-Link
006575-0007

Wusstest du schon, dass ...

- der vordere Teil eines Löffels „Laffe" heißt?
- ein Drittel aller Unfälle im Haushalt geschehen?
- es nicht nur auf der Erde, sondern auch im Kühlschrank unterschiedliche Klimazonen gibt?

Das lernst du in diesem Kapitel:

- welche Gefahren in der Küche lauern
- deinen Arbeitsplatz fachgerecht einzurichten
- Geschirr abzuwaschen – aber richtig
- Fachchinesisch bzw. Fachausdrücke, die in der Küche gebräuchlich sind
- unterschiedliche Verfahren, Lebensmittel zu garen
- einen Tisch ansprechend zu decken

Ideen für Projekte

- Plant eine Traumküche mithilfe einer Zukunftswerkstatt.
- Bereitet ein Menü für einen besonderen Anlass vor, z. B. für eine Familienfeier oder ein Klassenfest.

1

1.1 Arbeitsbereiche ...

M1 Kleine Küche

M2 Große Küche

Zu jeder Wohnung, ganz gleich ob groß oder klein, gehört eine Küche. Die wichtigsten Grundelemente sind Spüle, Arbeitsfläche, Herd und Kühlschrank.

M3 Arbeitsbereiche in der Küche

Eine Küche gliedert sich in unterschiedliche Arbeitsbereiche:

- **Vorbereitungsbereich:** Lebensmittel zerkleinern, anrühren ...
- **Kochbereich:** Lebensmittel garen
- **Reinigungsbereich:** Lebensmittel, Geschirr und Geräte reinigen
- **Aufbewahrungsbereich:** Lebensmittel, Geschirr und Geräte aufbewahren
- **Vorratsbereich:** Lebensmittel bevorraten

1. Vergleiche die abgebildeten Küchen M1 M2 mit deiner Schulküche. Beschreibe Gemeinsamkeiten und Unterschiede.
2. Zeige die verschiedenen Arbeitsbereiche auf M3 und in deiner Schulküche.
3. Skizziere den Grundriss einer Küchenzeile aus der Schulküche und trage die Arbeitsbereiche ein.
4. Notiert in Partnerarbeit anhand von Stichworten Einrichtungsgegenstände und Tätigkeiten, die zu den unterschiedlichen Arbeitsbereichen passen.
5. Entwerft in Partnerarbeit eine Küchenzeile.

Hilfreiche Stichworte:
- Arbeitsbereiche
- Wasser-, Gasanschluss
- Steckdosen
- Lichtquellen

... und Arbeitsplatzgestaltung

M4 Innerer und äußerer Greifraum

Die Arbeit in der Küche muss sorgfältig geplant werden. Der richtige Arbeitsablauf beginnt mit dem Einrichten des Arbeitsplatzes, also dem Bereitstellen von Arbeitsgeräten. Die Fläche, die man für die Tätigkeit nutzt, bezeichnet man als *Greifraum*.

In den **inneren Greifraum** stellst du Gegenstände, die du häufig benötigst und die du mit dem gebeugten Arm bequem erreichen kannst, z. B. das Brett, auf dem die Lebensmittel zerkleinert werden.

In den **äußeren Greifraum** stellst du Gegenstände, die du nicht so häufig brauchst und die du mit gestrecktem Arm erreichen kannst, z. B. die Schüssel für die zerkleinerten Lebensmittel.

Achtung Deine Hände sollen sich beim Arbeiten nicht kreuzen oder gegenseitig behindern.
Der Bewegungsablauf muss dem Menschen angepasst sein (ein Rechtshänder arbeitet meistens von rechts nach links).
Länger andauernde Arbeiten solltest du nach Möglichkeit im Sitzen ausführen.

Glossar Seite 168 ff.

Tipp:
Eine gut durchdachte Anordnung des Arbeitsplatzes erspart Arbeitswege und Zeit.

6 Zeige den inneren und äußeren Greifraum auf **M4**.

7 Skizziere, wie du einen Arbeitsplatz für die Herstellung von Gemüsesticks einrichten würdest: a) Rohware (z. B. Salatgurke oder Möhren), b) Schneidebrett, c) Teller für geschnittenes Gemüse, d) Schüssel für den Abfall ...

8 Tausche die Skizze mit einem Partner/einer Partnerin. Gebt euch gegenseitig Tipps.

9 Führe die Herstellung von Gemüsesticks praktisch durch. Erstelle einen Dip dazu.

Rezepte Seite 140

1

1.2 Hygiene

Ordnung und Sauberkeit

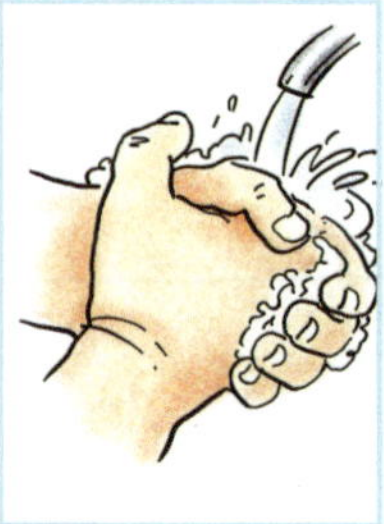

M5 Persönliche Hygiene

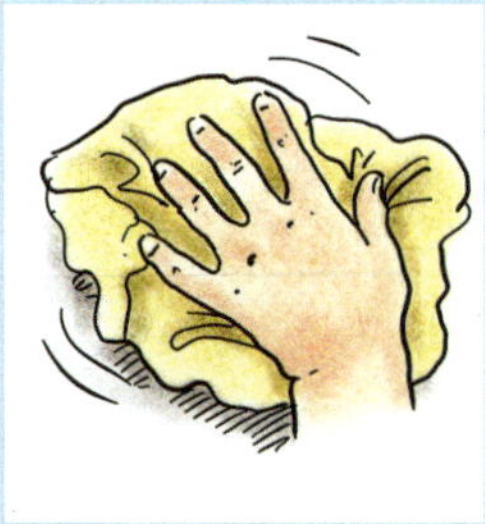

M6 Hygiene am Arbeitsplatz

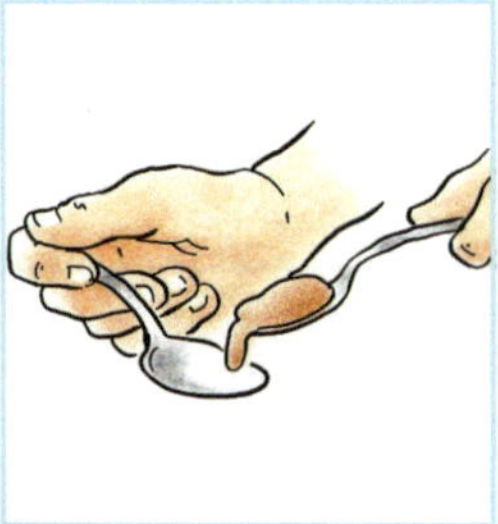

M7 Lebensmittelhygiene

M8 Alle Hygieneregeln beachtet?

Achte bei der Arbeit in der Schulküche auf Sauberkeit und einen sorgfältigen Umgang mit den Lebensmitteln, damit dir nicht der Appetit vergeht und keine Gefahren für deine Gesundheit entstehen.

Glossar Seite 168 ff.

In der Küche kannst du drei ***Hygiene***bereiche unterscheiden:

1. Persönliche Hygiene

- Fingerringe und Armschmuck ablegen
- Haare zurückbinden
- Hände waschen
- Saubere Schürze umbinden
- Wunden an den Händen wasserdicht abdecken
- Nach dem Naseputzen Hände waschen
- Nicht auf Speisen husten oder niesen

2. Hygiene am Arbeitsplatz

- Mäntel, Jacken und Schultaschen nicht auf die Arbeitsplätze legen
- Während und nach der Lebensmittelzubereitung den Arbeitsplatz sauber halten
- Müll sachgerecht entfernen
- Lappen/Tücher nur ihrem Zweck entsprechend verwenden und nach der Lebensmittelzubereitung wechseln
- Kleine Arbeitsgeräte nach Gebrauch reinigen
- Große Arbeitsgeräte regelmäßig reinigen (z. B. Rührgerät, Herd, Kühlschrank)

3. Lebensmittelhygiene

- Sauberes Geschirr verwenden
- Lebensmittel in geeignetem Geschirr aufbewahren und abdecken
- ***Kühlkette*** nicht unterbrechen/verderbliche Lebensmittel kühl lagern
- Flüssigkeiten von aufgetauten Lebensmitteln wegschütten
- Speisen mit zwei Löffeln probieren (mit Löffel Nr. 1 Speise aufnehmen und auf Löffel Nr. 2 geben; von Löffel Nr. 2 probieren)

1. Beschreibe die Tätigkeiten auf M5, M6 und M7. Welche Hygieneregeln werden hier beachtet?
2. Erläutere, was die Personen auf M8 richtig bzw. falsch machen.
3. Notiert in Partnerarbeit eine Begründung für jede Hygieneregel.
4. Fertigt ein Hygieneregel-Plakat zum Aushängen in der Schulküche an.
5. Erkundige dich z. B. in einem Restaurant, in der Mensa oder beim Bäcker, welche Hygienevorschriften dort bestehen. Vergleiche mit den von dir erlernten Hygieneregeln.

Der Abwasch von Hand

M9 Arbeitsrichtung beim Abwasch mit der Hand

Auch wenn ihr zu Hause eine Spülmaschine besitzt – der Abwasch von Hand bleibt eine grundlegende Arbeit im Haushalt.

Für den Abwasch von Hand benötigst du heißes Wasser, Spülmittel, eine Spülbürste, ein Spültuch und einen Topfschwamm sowie Geschirrtücher zum Abtrocknen.

Arbeiten vor dem Abwasch	Abwaschen	Arbeiten nach dem Abwasch
• Speisereste entfernen • grob verschmutztes Geschirr mit Küchentuch oder unter fließendem Wasser vorreinigen, bei Bedarf einweichen • Spülbecken und Abtropffläche reinigen • Geschirr auf der Abstellfläche nach Verschmutzungsgrad sortieren	• heißes Wasser mit etwas Spülmittel in das rechte Spülbecken füllen • linkes Spülbecken mit heißem Wasser befüllen • Geschirr im rechten Spülbecken abwaschen • Geschirr im linken Spülbecken klarspülen • Geschirr auf der Abtropffläche abtropfen lassen	• Geschirr abtrocknen • sauberes Geschirr wegräumen • Spüle, Abstellfläche und Abtropffläche gründlich säubern und trocknen • Arbeitsflächen und Fußboden reinigen • Spültuch, Spülbürste, Topfschwamm und Geschirrtücher an einen Ort zum Trocknen legen/hängen

Tipp:
Wer gut überlegt Arbeitsgeräte und Geschirr einsetzt, muss nicht so viel abwaschen.

6 Beschreibe die Arbeitsrichtung beim Abwasch mit der Hand M9. Benenne dazu die Arbeitsgeräte, die du benötigst.

7 Bringe folgende Gegenstände für den Abwasch in eine sinnvolle Reihenfolge: a) Gläser, b) Suppenkelle, c) Teller, d) Besteck, e) Glasschälchen, f) Pfanne, g) Topf.

8 Einigt euch in Partnerarbeit auf eine Reihenfolge. Begründet euer Vorgehen.

9 Entwerft in Partnerarbeit einen Arbeitsablauf, wenn nur ein Spülbecken zur Verfügung steht. Notiert Stichworte dazu.

1

1.3 Umweltschutz

M10 Hausmüll vorbeugen – bereits beim Einkauf

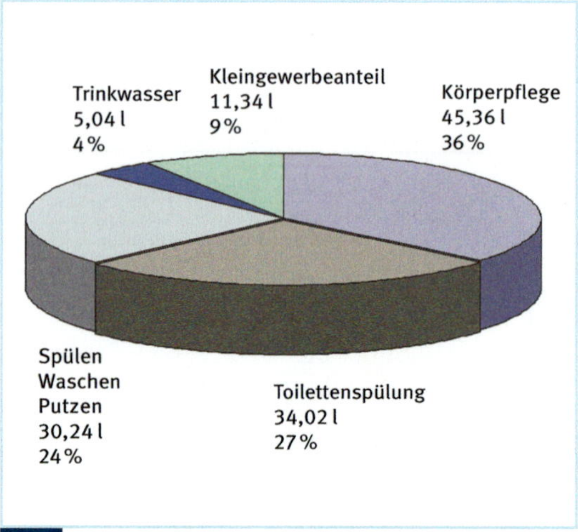

M11 Durchschnittlicher Wasserverbrauch in Deutschland

Glossar
Seite 168 ff.

Achte bei allen Arbeiten im Haushalt besonders auf ***umweltbewusstes Handeln***.

Vermeide Müll:

- Verzichte bereits beim Einkauf auf unnötiges Verpackungsmaterial.
- Nutze Nachfüllpackungen und Großpackungen.
- Bevorzuge Verpackungen aus Glas und Pfandflaschen.
- Verzichte auf Konserven und Getränkedosen.
- Verwende Einkaufstaschen und -körbe.
- Nutze alle Möglichkeiten zur Mülltrennung.

Gehe sparsam mit Wasser um:

- Verzichte auf häufiges Baden. Beim Duschen verbrauchst du weniger Wasser als bei einem Vollbad. M11
- Schalte Waschmaschinen und Geschirrspülmaschinen erst ein, wenn sie voll beladen sind.
- Nutze für den Abwasch von Hand und das Reinigen von Lebensmitteln stehendes Wasser.

1. Überlegt, was im Hinblick auf umweltbewusstes Handeln die Vor- und Nachteile der auf M10 dargestellten Produkte sind.
2. Zählt die Mülltrennungsmöglichkeiten auf, die ihr kennt. Sammelt sie an der Tafel.
3. Erkundet in Partnerarbeit, wie in eurer Schule und Schulküche Müll getrennt und entsorgt wird.
4. Erkundige dich bei der Gemeinde- oder Stadtverwaltung, wer in deinem Wohnort für die Müllentsorgung zuständig ist. Besorge dir dort kostenlose Informationshefte. Du kannst auch auf der entsprechenden Homepage nachschauen. Klärt folgende Fragen:

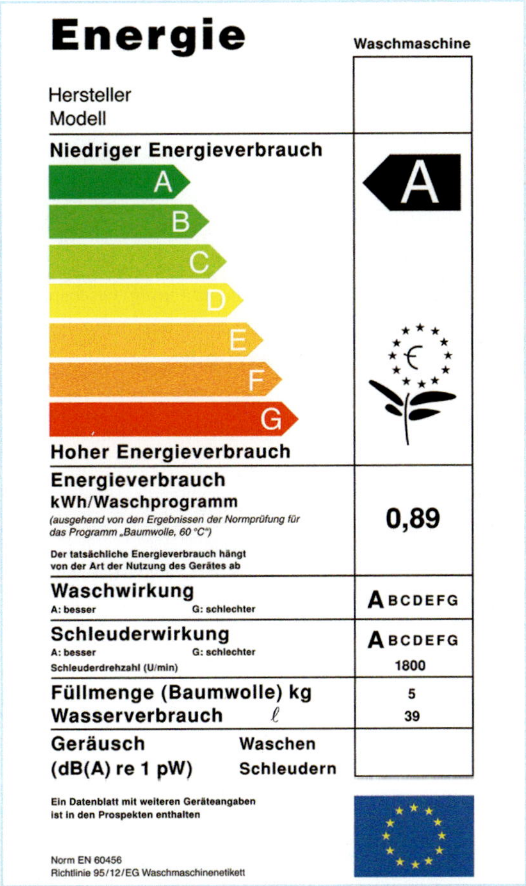

M12 *Energielabel*

A++	B
84 kWh/Jahr	192 kWh/Jahr
220 Euro in 14 Jahren bei 0,19 Euro/kWh	510 Euro in 14 Jahren bei 0,19 Euro/kWh

M13 Energieverbrauch: Beispiel Tischkühlschrank

Vermeide unnötigen Energieverbrauch:

- Nutze Elektrogeräte sachgerecht und setze sie sinnvoll ein.
- Nutze energiesparende Geräte. **M12** **M13**

Ein Samstagvormittag bei Julia
Julia räumt die Küche auf. Sie stellt ihr Frühstücksgeschirr in die Spülmaschine. Darin stehen auch schon der Teller, das Besteck und ein Glas von gestern Abend. Sie schaltet die Spülmaschine ein. Ach, ein Tee wäre jetzt nicht schlecht! Julia füllt den Wasserkocher bis zum Rand und schaltet ihn ein.
Eigentlich wollte sie heute ihr rotes Shirt anziehen. Julia stellt Bügelbrett und Bügeleisen in der Küche auf und schaltet das Bügeleisen schon mal ein. Ach ja, sie wollte noch das Bad lüften und kippt das Fenster. Oh, das Telefon klingelt. Julia geht ins Wohnzimmer. Na, jetzt hat sie doch tatsächlich eine halbe Stunde mit ihrer Freundin verplaudert! Und dabei wollte sie noch schnell einkaufen gehen. Auf dem Markt schließen die Stände gleich. Dann fährt sie eben in den Supermarkt …

Glossar
Seite 168 ff.

Energieverbrauch Hausgeräte
Seite 20

a) Welche Behälter für Mülltrennung werden bereitgestellt?
b) Wo steht der nächste Altglascontainer?
c) Gibt es Annahmestellen für Sondermüll und Giftmüll?
d) Was geschieht mit einem defekten Kühlschrank?

5 Sicher hast du entdeckt, dass Julia nicht umweltbewusst handelt. Schreibe die Fehler, die Julia gemacht hat, einzeln auf rote Karten. Findet in Partnerarbeit zu jeder Karte einen Verbesserungsvorschlag.

6 Entwickelt in Kleingruppen Ideen, wie ihr im Alltag Energie und Wasser sparen sowie Müll vermeiden könnt. Schreibt eine Merkliste.

1

1.4 Reinigungsarbeiten

M14 Mechanische und chemische Reinigungsmittel

M15 Mäanderförmig (= schlangenförmig) wischen

Glossar
Seite 168 ff.

Die meisten Reinigungsarbeiten in der Küche können mit **Wasser und Spülmittel** gemeistert werden. Wische Flächen (Arbeitsflächen, Fliesenspiegel, Schrankflächen, Tische und Arbeitsgeräte) *mäanderförmig* M15, sodass der Lappen die gesamte Fläche erreicht und den Schmutz vollständig aufnimmt. Streifenbildung vermeidest du durch Nachwischen mit klarem Wasser und Nachtrocknen mit einem Trockentuch.

Reinigungsmittel lassen sich in drei Gruppen einteilen.

Mechanisch wirkende Mittel:
- Lappen, Schwamm, Bürste, Stahlwolle, Topfkratzer, Glasklingenschaber, Scheuerpulver …

Chemisch wirkende Mittel:
- Geschirrspülmittel, Waschpulver, Fensterreiniger, Sanitärreiniger, Kalklöser, Desinfektionsmittel …

Mechanisch und chemisch wirkende Mittel:
- Verseifte Stahlwolle, flüssige Scheuermilch …

Für alle Reinigungsmittel gilt:
- Chemikalien sind gesundheitsschädlich und daher unbedingt außerhalb der Reichweite von Kindern aufzubewahren.
- Verschiedene Reinigungsmittel nicht mischen und sparsam nach Anleitung verwenden.
- Mehr mechanische und weniger chemische Mittel verwenden.
- Inhaltsstoffe beachten: auf besonders gefährliche Mittel verzichten.
- Reinigungsmittel durch weniger schädliche „Hausmittel“, z. B. Essig zum Kalklösen, ersetzen.

1. Interviewe eine Reinigungskraft in deiner Schule zum Thema „Wischtechnik“. Was kannst du von ihr lernen?
2. Erkundigt euch in Partnerarbeit in einer Drogerie über das Angebot an Reinigungsmitteln für a) Spüle, b) Herd, c) Arbeitsfläche, d) Fußboden. Macht euch Notizen.
3. Reinigt in Gruppenarbeit einen Arbeitsbereich in der Schulküche (Spüle, Herd, Arbeitsflächen, Fußboden). Besprecht vorab, welche Reinigungsmittel ihr benötigt und welche Arbeitstechnik ihr einsetzt.

Material	Gegenstände	Tipps
Glas und Porzellan	• Gläser • Schüsseln und Schälchen • Kannen und Karaffen • Servierplatten • Kaffeegeschirr • Essgeschirr • Auflaufformen	• Abwasch per Hand oder in der Spülmaschine (sofern spülmaschinengeeignet) • flüssiges Scheuermittel oder verseifte Stahlwolle können, z. B. für Auflaufformen, vorsichtig verwendet werden • Gegenstände vorsichtig handhaben, sie zerbrechen beim Hinfallen
Kunststoff	• Brotdosen • Trinkbecher • Schüsseln und Behälter für Vorräte • Brettchen • Mikrowellengeschirr	• Abwasch per Hand, nur Lappen oder weiche Bürste verwenden • auf Hitzeempfindlichkeit achten, teilweise auch spülmaschinengeeignet • Verfärbungen in der Spülmaschine, z. B. durch Tomate, möglich
Holz	• Brettchen • Kochlöffel	• Abwasch per Hand, nicht in der Spülmaschine reinigen • an der Luft trocknen • nicht im Wasser liegen lassen – quillt auf • Verfärbungen und Verunreinigungen haften in Kratzern und Schnitten
Aluminium	• Schüsseln • Deckel	• Abwasch per Hand, nur Wasser mit Spülmittel und weiche Lappen/Bürste verwenden • stoßempfindlich • säureempfindlich • keine Speisen darin aufbewahren
Edelstahl	• Töpfe • Spüle	• Abwasch und Reinigung per Hand • flüssiges Scheuermittel oder verseifte Stahlwolle können vorsichtig verwendet werden
Gusseisen	• Pfannen • Bratentöpfe	• Abwasch per Hand • Speisereste auskochen, flüssiges Scheuermittel oder verseifte Stahlwolle können verwendet werden • gut abtrocknen, rostet leicht

M16 Küchenutensilien

4 Tom und Merle haben einen Kuchen für eine Party gebacken. Jetzt müssen sie noch aufräumen und alles reinigen.

a) Erstellt in Partnerarbeit eine Liste mit Aufgaben, die noch zu erledigen sind.

b) Besprecht, wie folgende Gegenstände zu reinigen sind: Rührschüssel, Schneebesen, Holzlöffel, Edelstahltopf, Messbecher, Glasschüssel, Löffel und Messer mit Holzgriff.

Tipp:
Antihaftbeschichtete Töpfe und Pfannen solltest du sehr vorsichtig reinigen, da sie kratzempfindlich sind. Am besten verwendest du dafür einen weichen Schwamm.

1.5 Sicherheit im Haushalt

Die häufigste **Unfallursache im Haushalt** ist Unvorsichtigkeit bei der täglichen Arbeit. In der Schulküche ist Ablenkung eine weitere Unfallgefahr.

Arbeitsschutzregeln:

Du kannst durch überlegtes Handeln ...

... Stürze vermeiden, indem du

- verschüttete und herabgefallene Lebensmittel oder Abfall sofort wegwischst oder aufhebst
- nicht rennst, sondern vorsichtig gehst
- richtige Arbeitskleidung und rutschfeste Schuhe trägst
- keine Stühle oder Ähnliches als Leiterersatz benutzt
- auf Stolperfallen achtest und nichts im Weg stehen/liegen lässt, z. B. Besen, Eimer, Kabel von elektrischen Geräten

Krallengriff
Seite 29

... Schnittwunden und Verletzungen durch Geräte vermeiden, indem du

- den Krallengriff beim Schneiden anwendest
- Schneidgeräte nicht herumliegen oder im Spülbecken liegen lässt
- nicht mit Schneidgeräten herumläufst
- kleine und große Küchenmaschinen vorschriftsmäßig bedienst
- elektrische Geräte nach Gebrauch vorschriftsmäßig vom Stromnetz trennst
- elektrische Geräte nach dem Trennen vom Stromnetz nur feucht abwischst
- beschädigte Geräte und Arbeitsmaterialien nicht benutzt bzw. entsorgst oder reparieren lässt

... Verbrennungen und Verbrühungen vermeiden, indem du

- nicht über Töpfe mit kochenden Flüssigkeiten greifst
- Topflappen benutzt
- heiße Flüssigkeiten vorsichtig abgießt bzw. lieber einen Durchschlag benutzt
- Fett nicht überhitzt
- zum Braten und Frittieren nur geeignete Fette und Öle benutzt
- auf brennendes Fett kein Wasser gießt (Stichwort: *Fettbrand*), sondern die Flamme mit einem Deckel erstickst

Glossar
Seite 168 ff.

... Vergiftungen und Verätzungen vermeiden, indem du

- abgelaufene oder verdorbene Lebensmittel nicht verzehrst
- hygienisch arbeitest und durch richtige Vorratshaltung Schimmelbildung verhinderst
- Reinigungsmittel nie in Lebensmittelbehälter, z. B. Getränkeflaschen, füllst
- Reinigungsmittel nur nach Vorschrift verwendest

Die W-Fragen für einen Notruf:
Wann ist es passiert?
Wer ruft an?
Wo geschah es?
Was geschah?
Wie viele Verletzte?
Welche Art von Verletzungen?
Warten auf Rückfragen!

1. Hast du auch schon einmal eine gefährliche Situation im Haushalt erlebt? Berichte davon.
2. Benenne die Unfallgefahren auf **M17**. Erkläre, wie du sie vermeiden kannst.
3. Erkläre die Gefahrensymbole auf **M18**, **M19**, **M20**. Nenne Beispiele für Produkte, auf denen sie abgebildet sein könnten.
4. Prüfe, welches Erste-Hilfe-Material in der Schulküche vorhanden ist.

M17 Achtung Unfallgefahr!

Die wichtigsten Gefahrensymbole:

M18 Giftig

M19 Leicht entzündlich

M20 Gesundheitsschädlich

Mehr als 6000 Menschen in Deutschland kommen jährlich bei Haushaltsunfällen ums Leben.
Zum Vergleich: jährlich kommt es zu ca. 5000 tödlichen Verkehrsunfällen.
Etwa jedes dritte Feuer entsteht durch Öfen oder auf Kochfeldern.

5 Fertige in Gruppenarbeit ein Plakat zu Erste-Hilfe-Maßnahmen an:
- kleinere Schnittwunde
- größere Wunde
- Verätzung
- Verbrühung oder Verbrennung

Problem	Lösung

6 Schreibe dir einen Merkzettel mit wichtigen Telefonnummern und notwendigen Informationen bei einem Notruf.
Befestige den Zettel in der Nähe deines Telefons.

1

1.6 Kleine Arbeitsgeräte ...
zum Schneiden, Zerkleinern, Putzen, Mischen

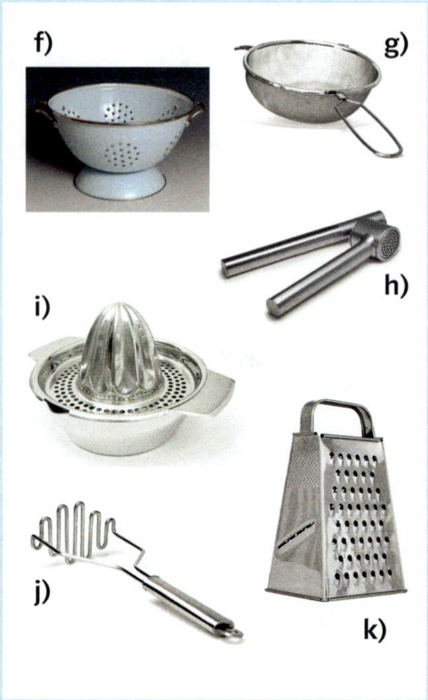

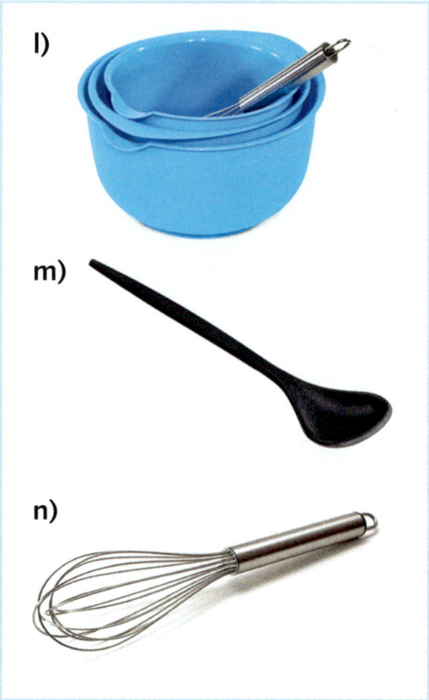

M21 Kleine Arbeitsgeräte

a) **Schälmesser**
für *weiche* Schalen.

b) **Sparschäler**
für *harte* Schalen, schält dünn und gleichmäßig.

c) **Kochmesser**
hat eine breite Klinge, für Obst und Gemüse.

d) **Tomatenmesser**
hat einen Wellenschliff.

e) **Brotmesser**
hat einen Wellenschliff.

f) **Durchschlag**

g) **Sieb**

h) **Knoblauchpresse**

i) **Zitronenpresse**

j) **Kartoffelpresse/ -stampfer**

k) **Reibe, Raspel und Hobel**

l) **Rührschüssel**

m) **Rührlöffel**

n) **Schneebesen**

Tipp:
Aufgaben zum Aufräumen der Schulküche könnt ihr auch als Wettbewerb zwischen den Gruppen lösen unter dem Motto: Wer beseitigt zuerst das Chaos in den Schränken der Schulküche?

1. Nenne für jedes Arbeitsgerät auf **M21** mindestens ein Anwendungsbeispiel. Oft gibt bereits der Name einen Hinweis auf den Verwendungszweck.
2. Finde die genannten Arbeitsgeräte in deiner Schulküche.
3. Entwickelt in eurer Gruppe Aufgaben für eine Küchenrallye.
4. Führt in Kleingruppen folgende Arbeiten durch und messt den Zeitaufwand für Reiben, Spülen und Vor- und Nachbereitung:

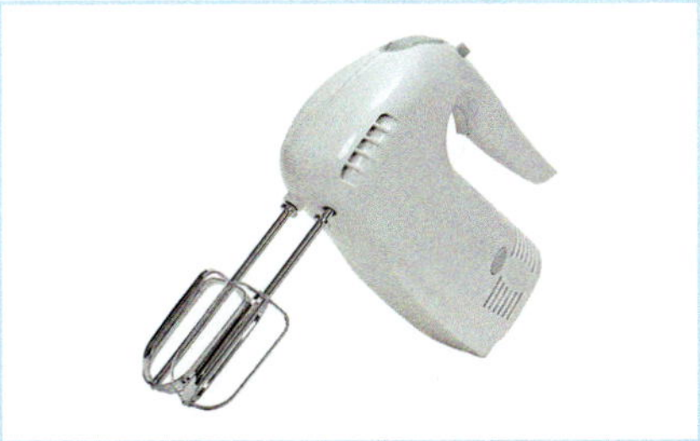

M22 Elektrisches Handrührgerät

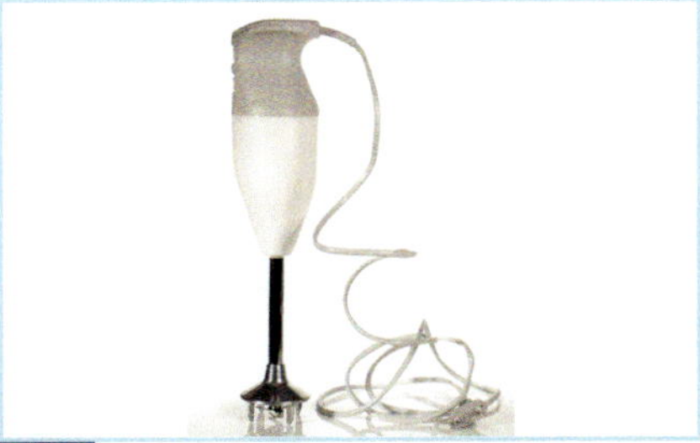

M23 Pürierstab

M24 Küchenmaschine

Das elektrische Handrührgerät M22
erleichtert das Mischen von Zutaten und Schlagen von Flüssigkeiten. Wahlweise werden Knethaken oder Schneebesen nach Vorschrift eingesetzt. Die Markierungen für das richtige Einsetzen befinden sich am Gerät. Wegen der Spritzgefahr muss die Rührschüssel hoch genug gewählt werden.

Das Gerät wird erst eingeschaltet, wenn sich die Schneebesen/Knethaken in den Zutaten befinden. Gestartet wird mit der niedrigsten Geschwindigkeit. Das Gerät wird ausgeschaltet, bevor es aus dem Lebensmittel gehoben wird. Für das Entfernen der Schneebesen/Knethaken benutzt man die Auswurftaste.

Man sollte die Schneebesen/Knethaken nicht mit Gewalt aus dem Gerät ziehen. Nach dem Gebrauch sollte das Gerät immer feucht abgewischt werden.

Der Pürierstab M23
wird auch „Zauberstab“ genannt. Er ersetzt das langwierige Pürieren durch ein Sieb und ermöglicht sowohl das Pürieren kleiner Mengen als auch das Zerkleinern heißer Zutaten (Cremesuppen).

Achtung Die kleinen rotierenden Messer sind sehr scharf und es besteht Verletzungsgefahr.

Die Küchenmaschine M24
gibt es in den unterschiedlichsten Ausstattungen. Eine große Arbeitserleichterung bietet das Schnitzelwerk. Durch Einsetzen von Raspel, Reibe, Hobel oder Messer ist das Gerät in der Lage, innerhalb kurzer Zeit größere Mengen Lebensmittel zu zerkleinern.

Achtung Lies unbedingt vor der Nutzung von elektrischen Geräten die Gebrauchsanleitung. Beachte grundsätzlich Schutzvorkehrungen, wie z. B. den Handschutz. Benutze keinesfalls defekte Geräte. Ziehe immer nach dem Gebrauch und vor der Reinigung den Netzstecker.

a) 1 Möhre mit der Hand reiben,
b) 1 Möhre mit der elektrischen Küchenmaschine reiben,
c) 1 kg Möhren mit der Hand reiben,
d) 1 kg Möhren mit der elektrischen Küchenmaschine reiben.

5 Diskutiert, wann sich der Einsatz eines elektrischen Arbeitsgerätes lohnt.

6 Stellt in Partnerarbeit den Verkauf eines elektrischen Handrührgerätes nach. Preist die Vorteile an. Nutzt zur Vorbereitung des Verkaufsgesprächs die Angaben aus der Gebrauchsanleitung.

1

1.6 ... und große Arbeitsgeräte

M25 Kühlschrank

Energieverbrauch Seite 13

Der Kühlschrank M25

Im Kühlschrank gelagerte Nahrungsmittel bleiben länger frisch. Dort herrschen Temperaturen zwischen +2 und +10 °C.

Beachte folgende Regeln zur Nutzung des Kühlschranks:

- Lebensmittel nur abgedeckt in den Kühlschrank stellen, denn Flüssigkeit verdampft im Kühlschrank und die Lebensmittel trocknen aus.
- Ohne Abdeckung können auch Gerüche auf andere Speisen übergehen.
- Den Kühlschrank nicht unnötig öffnen oder heiße Speisen hineinstellen, die Temperatur im Kühlschrank steigt an und der Energieverbrauch erhöht sich.
- Lagerzeiten der Lebensmittel und Mindesthaltbarkeitsdaten beachten.
- Klimazonen im Kühlschrank beachten.

Reinigung:
Der Kühlschrank muss regelmäßig gereinigt werden. Die Sauberkeit des Kühlschranks ist äußerst wichtig für die Haltbarkeit der Lebensmittel und damit für unsere Gesundheit. Dasselbe gilt für Gefriergeräte oder Kombigeräte. Eine Eisschicht behindert die Kälteerzeugung im Gefrierbereich, der Energieverbrauch steigt.
Verwende zum Reinigen des Kühlschranks außen und innen Wasser mit etwas Spülmittel. Wische den Kühlschrank innen mit Essigwasser nach, das tötet Krankheitskeime ab. Trockne den Kühlschrank anschließend gut aus.

Glossar Seite 168 ff.

Energielabel Seite 13

1 Stellt euch gegenseitig Fragen zu den Texten auf Seite 20–23 (Kühlschrank, Herd, Mikrowelle).

2 Lies die Angaben auf den Energielabels am Kühlschrank oder in der Gebrauchsanleitung. Vergleiche die Verbrauchswerte.

	Energie-Effizienzklasse	Verbrauch kWh
Schule		
zu Hause		

M26 Herd mit Elektrokochfeld

M27 Herd mit Gaskochfeld

M28 Herd mit Cerankochfeld

M29 Topfgrößen

Der Herd: Kochfeld

Gare energie- und nährstoffschonend, indem du

- mit der Schaltung M30 die richtige Temperatur wählst, d.h. die Lebensmittel auf höchster Schalterstufe (Ankochstufe) ankochst oder anbrätst und zum Fortgaren auf eine niedrige Schalterstufe zurückschaltest.
- die Topfgröße passend zur Kochstelle wählst. M29
- den Topf geschlossen hältst.
- ausreichend lange, aber möglichst kurz garst.

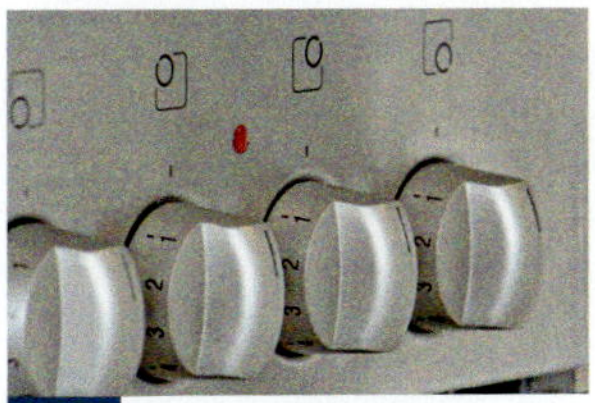
M30 Temperaturregler

Reinigung:

- Reinige den Herd mit Spülmittellösung, sobald die Kochstellen abgekühlt sind.
- Spüle mit klarem Wasser nach und reibe mit einem Tuch trocken.
- Entferne stärkere Verschmutzungen auf den Kochstellen und dem Überlaufrand mit einem Putzschwamm und etwas Scheuermilch.
- Reinige Edelstahl mit verseifter Stahlwolle.
- Lose Verkrustungen auf Glaskeramik mit einem Glasklingenschaber und Spezialpflegemittel (Scheuerpulver oder raue Schwämme würden die Fläche zerkratzen!).

3. Vergleiche die Abbildungen auf M29. Überlege, was geschieht, wenn auf der Kochstelle
   a) der Topf zu groß ist,
   b) der Topf zu klein ist.

4. Prüfe in der Schulküche und zu Hause, wie viele Stufen die Temperaturregler am Herd haben M30. Fertige eine Skizze an.

5. Erkundigt euch in der Gruppe in einem Elektrofachgeschäft über den Preis und den Energieverbrauch von einem Elektrokochfeld, Gaskochfeld und Cerankochfeld.

1.6 ... und große Arbeitsgeräte

M31 Backofen

M32 Mikrowellengerät

Ober- und Unterhitze

Umluft

M33 Symbole

Der Herd: Backofen M31

Im Elektro-Backofen garen die Speisen in heißer Luft. Die Heizschlangen befinden sich im Boden und unter der Decke des Backofens, sodass man Unterhitze und/oder Oberhitze wählen kann. In Öfen mit Heißluft verteilt ein Ventilator die Wärme gleichmäßig, sodass auch mehrere Backbleche gleichzeitig genutzt werden können.

Viele Backöfen sind zusätzlich mit einem Grill ausgerüstet.

Passende Arbeitsgeräte:
Backblech, Fettpfanne, Gitterrost, feuerfeste Auflaufform, Kastenform, Springform, Bratentopf, Backpapier, Dauerbackfolie, Bratschlauch

Reinigung:
Wische den Backofen und den Rost nach jeder Nutzung mit einem feuchten Tuch aus, solange er noch warm ist. Leichte Verschmutzungen werden dann nicht übersehen und brennen sich nicht bei der nächsten Nutzung fest ein. Hartnäckige Verschmutzungen entfernst du mit Scheuermilch – der Backofenreiniger kommt erst zum Einsatz, wenn sich der Schmutz herkömmlich nicht lösen lässt.

Die Mikrowelle M32

Mikrowellen sind elektromagnetische Wellen, die die kleinsten Bestandteile der Nahrung (Moleküle) in Schwingung versetzen. Es entsteht Reibung und dadurch Wärme. Mikrowellen verbreiten sich gradlinig im Raum. Sie werden von Glas, Porzellan, Keramik, Kunststoffen und Papier ungehindert durchgelassen, aber von Metallflächen zurückgeworfen. Oft wird die Mikrowelle zum Erwärmen und Erhitzen von Speisen und Getränken genutzt.

Reinigung:
Wische die Mikrowelle regelmäßig mit einem feuchten Tuch aus.

1. Nenne Situationen, in denen du die Mikrowelle einsetzen würdest.
2. Informiere dich im Internet, warum die Nutzung von Mikrowellen umstritten ist.
3. Bilde dir eine eigene Meinung zur Nutzung von Mikrowellen. Suche dir Gleichgesinnte und notiert eure Argumente für eine Diskussion.

Reinigung eines Backofens

Im Unterricht hat eine Gruppe einen Gemüseauflauf zubereitet. Leider ist etwas von der Béchamelsoße übergelaufen und am Boden des Backofens festgebrannt. Nach dem Essen überlegt die Gruppe, wie sie den Herd reinigt.

Gut, dass er noch warm ist. So können wir den groben Schmutz leicht mit einem feuchten Lappen entfernen. Das machen wir zuerst!

Wir versuchen es erst mit einem Lappen und Wasser mit Spülmittel. Falls es so nicht geht, dann vielleicht mit etwas Scheuermilch. Wenn der Backofen dann sauber ist, wischen wir mit klarem Wasser nach und trocknen ihn zuletzt mit einem Tuch.

Mmmhhh, der Auflauf hat gut geschmeckt! Jetzt müssen wir nur noch den Backofen sauber machen!

Dann suchen wir zusammen, was wir noch brauchen:
einen kleinen Eimer mit Wasser, etwas Spülmittel, einen Lappen, Scheuermilch und ein Tuch zum Nachtrocknen.

Backofenreiniger verwenden wir nur, falls das mit der Scheuermilch nicht geklappt hat. Dabei müssen wir unbedingt auf die Gebrauchsanweisung achten.

Zum Schluss räumen wir dann noch die Arbeitsgeräte und Hilfsmittel auf.

❹ Erstelle eine Tabelle für einen Arbeitsplan. Bring dazu die Informationen aus den Sprechblasen in eine sinnvolle Reihenfolge.

Was?	*Hilfsmittel/ Arbeitsgeräte*

Arbeitsplan Seite 24

1 Methode
Arbeitsplan entwerfen

Ein Arbeitsplan erleichtert dir die Arbeit:
Er schafft Übersicht, strukturiert deine Arbeitsschritte und hilft dir bei der Zeitplanung. So vermeidest du Chaos und kommst nicht ins Schwitzen.

So geht's:

Planung

1. Überlege, was dein Ziel ist und wann du fertig sein möchtest.

Durchführung

2. Suche alle Hilfsmittel zusammen, die du benötigst: Arbeitsgeräte, Lebensmittel …

   Fehlt etwas? Musst du noch etwas einkaufen?

3. Was sind die einzelnen Arbeitsschritte? Was musst du nacheinander tun? Schreibe die Arbeitsschritte in Stichworten auf. Überlege, wie lange du für die jeweilige Tätigkeit brauchst. Gibt es etwas, worauf du besonders achten musst?

   Wenn ihr zu mehreren zusammenarbeitet, könnt ihr auch überlegen, wer welche Arbeitsschritte übernimmt und den Arbeitsplan in einer Tabelle festhalten.

   Arbeitsplan:

Wer?	Was?	Hilfsmittel/ Arbeitsgeräte

4. Führe den Arbeitsplan durch. Gibt es Wartezeiten, die für andere Arbeiten genutzt werden können (z. B. etwas wegräumen)?

Nachbereitung

5. Räume auf.

Beispiel: Arbeitsplan für die Reinigung eines Kühlschranks

Wer?	Was?	Hilfsmittel/Arbeitsgeräte
Tina und Tom	1. Arbeitsgeräte und Hilfsmittel bereitlegen	warmes Wasser, Spülmittel, Lappen, Trockentuch, kleiner Eimer mit Essigwasser
	2. Kühlschrank ausräumen, dabei verdorbene oder abgelaufene Lebensmittel gleich entsorgen	Mülleimer Bio-Müllbehälter
	3. säubern, mit Essigwasser nachwischen, trocknen	
	4. einräumen	
	5. aufräumen	

⇨ Kühlschrank Seite 20

⇨ Kühlschrank Seite 66–67

M34 Kühlschrank reinigen

1.7 Messen und Wiegen

Waffeln backen

Maja und Mark sind bei ihrer Oma zum Kaffee eingeladen. Es gibt wieder die leckeren frischen Waffeln, die Oma immer selbst backt.

„Oma, ist es sehr schwer, solche Waffeln zu backen?", will Maja wissen.

„Ach was. Ihr habt doch auch ein Waffeleisen. Und der Teig ist ruckzuck gerührt. Das könnt ihr sogar ohne eure Mutter schaffen!"

„Oh ja, das machen wir morgen für Mama als Überraschung! Was braucht man denn alles dafür?"

Oma überlegt nicht lange. Sie sagt: „Ihr braucht ein Stück gute Butter, eine Handvoll Zucker, etwas Vanillezucker, ein paar Eier, einen Schuss Milch und ordentlich Mehl. Ach ja, ein wenig Backpulver wäre auch gut. Na, das mischt ihr vernünftig. Das kommt dann ins Waffeleisen – fertig."

Am nächsten Tag probieren Maja und Mark das Rezept aus …

In Rezepten werden folgende Mengenangaben verwendet:

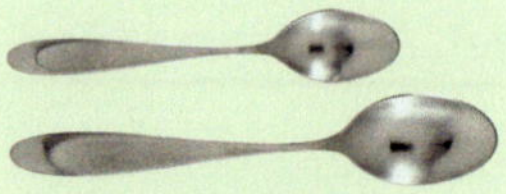 Teelöffel und Esslöffel	TL = gestrichener Teelöffel EL = gestrichener Esslöffel
 Prise	Pr. = Prise (etwa die gleich Menge wie Msp. = Messerspitze)
 1 kg Mehl	kg = Kilogramm (1 kg = 1000 g)
 250 g Butter (= ein halbes Pfund)	g = Gramm
 1 l Milch	ml = Milliliter l = Liter (1 l = 1000 ml)

M35 Mengenangaben

Rezepte
Seite 152

1. Auf welche Probleme könnten Maja und Mark stoßen? Suche im Rezeptteil das Rezept für Waffeln und ersetze die Mengenangaben der Oma.
2. Backt die Waffeln in der Schulküche.
3. Du erwartest drei Freunde zum Abendbrot. Es soll Salat, belegte Brote und Apfelschorle für jeden geben. Überlege und berechne, welche Lebensmittel du in welcher Menge benötigst. Verwende als Hilfe für deine Berechnungen die Tabelle auf Seite 27.

M36 Analogwaage

M37 Messbecher

M38 Digitalwaage

Tipp:
Falls du keine Waage zur Hand hast, verwende einen sauberen Joghurtbecher für das Abmessen von Zutaten. Es steht darauf, wie viel Gramm hineinpassen.

Messen und Wiegen – So geht's:

- Nimm für einen gestrichenen Teelöffel/Esslöffel zunächst das Lebensmittel auf den Löffel und streiche dann ab, was über den Rand des Löffels steht.
- Eine Messerspitze eignet sich zum Abmessen von feinen Gewürzen.
- Eine Prise ist so viel, wie zwischen Daumen und Zeigefinger passt.
- Benutze für das Abmessen von Flüssigkeiten den Messbecher. M37
- Einige Messbecher haben auch Messskalen für Zucker, Mehl, Grieß usw. Mit einem Messbecher kann aber nicht grammgenau abgemessen werden.
- Benutze zum Abmessen fester Lebensmittel eine Waage. M36
- Digitale Waagen zeigen das genaue Gewicht in einem Display an. M38
- Gib die Lebensmittel beim Abwiegen in die Waagschale oder in eine Schüssel/einen Teller.
- Waagschale oder Schüssel/Teller werden nicht mitgewogen: Stelle zunächst das Gefäß auf die Waage und reguliere die Waage wieder auf Null (*Tara*-Funktion).

Mengen und Richtwerte für eine Person

Salat	125–150 g
Kartoffeln und Gemüse als Beilage	250 g
Reis und Teigwaren als Beilage als Hauptgericht	 60 g 100 g
Suppe als Vorspeise als Hauptgericht	 250 g (¼ l) 500 g (½ l)
Fleisch ohne Knochen mit Knochen Hackfleisch	 100 g 150 g 75–100 g
Fischfilet	100–150 g
Pikantes Gebäck (Pizza) als Hauptgericht	¼ Blech
Obst	150 g
Brot oder Brötchen	2 Scheiben/2 Stück
Butter	20 g
Brotaufstrich	25 g
Brotbelag (Käse oder Wurst)	20 g
Kuchen	1–2 Stück

Glossar
Seite 168 ff.

1

1.8 Grundtechniken der Lebensmittelzubereitung

Arbeitsablauf beim Waschen:

- Lebensmittel rechts neben der Spüle bereitstellen.
- Lebensmittel in kaltem Wasser gründlich waschen.
- Gewaschene Lebensmittel in eine Schüssel oder einen Durchschlag geben.
- Lebensmittel weiter verarbeiten.

Vorbereitungsarbeiten

Waschen  M39 Gemüse waschen	• Sichtbaren (Staub, Erde, Sand) und unsichtbaren Schmutz (Rückstände von Pflanzenschutzmitteln) von dem unzerkleinerten Lebensmittel mit kaltem Wasser abspülen. • Empfindliche Lebensmittel (Salat) vorsichtig in stehendem Wasser waschen. • Lebensmittel nie lange Zeit im Wasser liegen lassen!
Putzen  M40 Paprika putzen	• Alle nicht essbaren Bestandteile entfernen (Blätter, Stängel, Strunk, Kerne, Wurzeln).
Schälen  M41 Spargel schälen	• Die äußerste Schicht mit dem Messer oder dem Sparschäler entfernen, z. B. bei Kartoffeln, Spargel, Zwiebeln, Sellerie.
Schaben 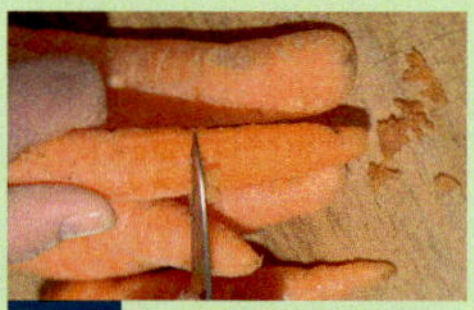 M42 Möhren schaben	• Bei erntefrischen Möhren nur eine dünne äußere Schicht mit dem Messer entfernen.
Pellen  M43 Eier pellen	• Die Schale, z. B. von Eiern, Pellkartoffeln, entfernen.

1. Ermittle und beschreibe den sachgerechten Arbeitsablauf und die benötigten Arbeitsgeräte beim Putzen und Schälen von
   a) Kartoffeln, Spargel, Blumenkohl,
   b) Äpfeln, Birnen, Bananen, Kiwi, Pfirsichen, Orangen.
2. Überprüfe dein Ergebnis in Partnerarbeit.
3. Stelle aus Obst der Saison einen Obstsalat her. Beachte alle Techniken, die du gelernt hast.

M44 Tunnelgriff

M45 Krallengriff

Zerkleinern

Zerkleinere Lebensmittel erst kurz vor der Weiterverarbeitung, damit sie nicht unansehnlich werden und Nährstoffe verloren gehen. Falls doch Wartezeiten entstehen, decke die zerkleinerten Nahrungsmittel mit Folie oder Pergament ab und stelle sie kalt.

Achtung Achte beim Zerkleinern sehr auf Sicherheit, um Verletzungen zu vermeiden. **Arbeitsgeräte:** ein scharfes Messer und ein Schneidebrett.
Stelle dir die vorbereiteten Lebensmittel rechts vom Brett und ein Gefäß für die zerkleinerten Stückchen links vom Brett bereit.

Beim Schneiden mit dem Kochmesser liegt die Messerspitze auf dem Schneidbrett auf. Schneide durch Hinabdrücken und Vor- und Zurückbewegen des Messers.
Wenn Lebensmittel halbiert werden, wende den ***Tunnelgriff*** an. M44
Halbierte Lebensmittel können nicht mehr wegrutschen, wenn sie auf der geraden Auflagefläche liegen (= **Auflagenschnitt**).
Der ***Krallengriff*** M45 bietet die größtmögliche Sicherheit, weil das Messer an den Fingerknöcheln entlanggeführt wird.

Glossar
Seite 168 ff.

Sicherheit
Seite 16 f.

Tipp:
Etwas Zitronensaft oder Essig verhindern das Braunwerden von Schnittflächen.

Schneiden	Mit dem Küchenmesser auf einem Schneidbrett in Scheiben, Würfel, Spalten oder Streifen zerteilen (Zwiebeln, Kohlrabi, Tomaten, Äpfel …).
Hobeln	Durch das Schneidmesser der Kastenreibe oder einer Küchenmaschine entstehen dünne Scheiben, durch die gelochte Fläche der Kastenreibe oder der Küchenmaschine entstehen feine oder grobe Stifte (Kartoffeln, Möhren, Äpfel).
Raspeln und Reiben	Sehr feine Stücke entstehen durch die fein aufgeraute Fläche einer Reibe (Käse, Äpfel …). Raspeln ergibt streifenartige Teile, Reiben führt zu einer sehr feinen, breiartigen Zerkleinerung.
Hacken	Mit dem Messer oder dem Wiegemesser werden z. B. Kräuter oder Nüsse auf einem Schneidbrett in feinste Stücke gehackt.
Passieren	Weiche, gekochte Lebensmittel werden durch ein Passiersieb oder die Kartoffelpresse gedrückt (Äpfel, Kartoffeln).
Pürieren	Mit einem Pürierstab z. B. Suppe oder Obst zu Mus verarbeiten.

Durch Schneiden, Hacken, Raspeln, Reiben, Hobeln, Zerdrücken oder Pürieren werden Nahrungsmittel nicht nur in mundgerechte Stücke zerteilt, sondern auch leichter verdaulich gemacht.

1.8 Grundtechniken der Lebensmittelzubereitung

Mischen

Rühren

M46 Rühren

Vermengen und gleichmäßiges Verteilen von Zutaten.

Gerät: Rührlöffel, elektrisches Handrührgerät

Beispiel: Rührteig, z. B. für Muffins

Schlagen

M47 Schlagen

Einarbeiten von Luft in flüssige Lebensmittel.

Gerät: Schneebesen oder elektrisches Handrührgerät mit eingesetzten Schneebesen

Beispiel: Sahne, Eischnee

Kneten

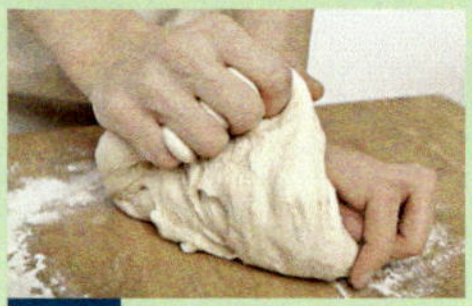

M48 Kneten

Zutaten unter Druck zu einer einheitlichen Masse vermengen.

Gerät: Mit den Händen, dem elektrischen Handrührgerät und eingesetzten Knethaken oder mit der Küchenmaschine

Beispiel: Hefeteig, Knetteig, Quarkölteig

Mixen

M49 Mixen

In einem sich drehenden Messerkreuz werden feste Bestandteile zerkleinert und mit Flüssigkeiten und feinen festen Zutaten vermengt.

Gerät: Pürierstab oder elektrischer Mixer

Beispiel: Mixgetränke, Suppe

Unterheben

M50 Unterheben

Luftgelockerte Massen (z. B. Eischnee) zu einem Lebensmittel hinzufügen, indem der Schneebesen vorsichtig von unten nach oben durch die Masse gezogen wird, bis sich eine gleichmäßige Masse gebildet hat.

Gerät: Schneebesen

Beispiel: Biskuitteig

Rezepte
Seite 152 ff.

1. Erkläre, um welchen Fachausdruck es auf M51 geht. Sammelt weitere Fachausdrücke und erklärt sie.

2. Wende Mischtechniken und Aufbereitungsarten fachgerecht an, z. B. bei der Herstellung von Muffins. Richte dazu deinen Arbeitsplatz ein. Beachte Hygiene und Sicherheit.

M51 Fachausdrücke: „Kuchen stürzen"

Aufbereitungsarten

Eier trennen  M52 Trennen	Eierschale an einer Schüsselkante oder mit dem Messer anschlagen, mit den Daumen in zwei Hälften trennen und dabei so schräg halten, dass das Eigelb in einer halben Eierschale verbleibt und das Eiklar in ein bereitgestelltes Gefäß läuft. **Beispiel:** Biskuitteig
Panieren  M53 Panieren	Lebensmittel vor dem Braten nacheinander in Mehl, verrührtem Ei und Paniermehl wenden (= mit Panade überziehen). **Geeignet für:** Gemuse, Fisch, Fleisch **Beispiel:** Schnitzel
Wasserbad  M54 Schmelzen	Speisen oder Lebensmittel in ein von Wasser umgebenes Gefäß geben, z. B. zum Abkühlen, Schmelzen oder Stocken. **Beispiel:** Schokoguss, Eierstich
Abschrecken  M55 Abschrecken	Den Garvorgang unterbrechen, indem die gegarten heißen Lebensmittel kurz mit kaltem Wasser abgespült werden. **Beispiel:** Eier

Tipp:
Trenne Eier immer einzeln nacheinander, falls ein schlechtes Ei dabei sein sollte. Mache den Riechtest.

1

1.9 Garverfahren

Garverfahren in feuchter Hitze

M56 Eintopf

M57 Klöße

Man unterscheidet grundsätzlich *Garverfahren* in feuchter Hitze und Garverfahren in trockener Hitze.

Glossar
Seite 168 ff.

Kochen

Definition:

- Kochen ist ein Garen in viel siedender Flüssigkeit bei Temperaturen um 100 °C.

Arbeitsgeräte:

- Hoher Topf mit fest schließendem Deckel.

Geeignet für:

- Speisen, bei denen die Flüssigkeit mitverzehrt wird (Suppen, Eintöpfe).
- Speisen, deren Inhaltsstoffe in die Flüssigkeit übergehen sollen (Brühen, Soßen).
- Lebensmittel, die Flüssigkeit aufnehmen sollen (Getreide, Hülsenfrüchte).

Besondere Hinweise:

- Lebensmittel sind mit Flüssigkeit bedeckt.
- Zum Auslaugen Lebensmittel in kaltes Wasser geben (Kaltansatz).
- Wenn der Geschmack im Nahrungsmittel bleiben soll, in kochendes Wasser geben (Kochendansatz).

Garziehen

Definition:

- Garziehen ist ein Garen in viel Flüssigkeit bei Temperaturen unter dem Siedepunkt bei etwa 80 °C bis 95 °C.

Arbeitsgeräte:

- Topf mit großem Durchmesser und Deckel zum Ankochen.

Geeignet für:

- Fisch, Klöße (zerfallen leicht), Würstchen (platzen leicht).

Rezepte
Seite 136 ff.

1. Stellt euch gegenseitig Fragen zu den Garverfahren auf Seite 32–35.
2. Suche im Rezeptteil oder in Kochbüchern zu jedem Garverfahren drei Beispiele.
3. Beurteile die Garverfahren in Bezug auf
   - Vorteile/Nachteile,
   - Erhalt von Vitaminen/Nährstoffen,
   - Zeit,
   - Aufwand.

M58 Gedämpftes Gemüse

M59 Gedünsteter Fisch

Dämpfen

Definition:

- Dämpfen ist ein Garen in Wasserdampf bei 100 °C, meist in einem Siebeinsatz oder Locheinsatz über siedendem Wasser.

Arbeitsgeräte:

- Topf mit Siebeinsatz oder Drahtkorb und fest schließendem Deckel.

Geeignet für:

- Kartoffeln, Gemüse, Fisch.

Besondere Hinweise:

- Lebensmittel behalten ihre Farbe und ihren Eigengeschmack.
- Gewürze und Kräuter in die Dämpfflüssigkeit geben, ihr Geschmack geht auf das Gargut über.

Dünsten

Definition:

- Garen im eigenen Saft oder in wenig Flüssigkeit, meist unter Zugabe von wenig Fett bei ca. 100 °C.

Arbeitsgeräte:

- Flacher Topf mit fest schließendem Deckel, Tontopf (z. B. Römertopf) oder Bratschlauch.

Geeignet für:

- Gemüse, Fisch, Fleisch, Gemüse, Obst.

Besondere Hinweise:

- Deckel während des Garens nicht öffnen.
- Wenn Dampf aus dem Topf austritt, Heizleistung drosseln.
- Dünstflüssigkeit mitverwenden.

4 Gestaltet ein Rollenspiel mit dem Thema „Interview mit einem Fernsehkoch/einer Fernsehköchin: Welches Garverfahren bevorzugen Sie und warum?“.

1 1.9 Garverfahren

Garverfahren in trockener Hitze

M60 Frikadellen

M61 Braten

M62 Würstchen, Fleisch

Kurzbraten

Definition:
- Kurzbraten ist ein Garen und Bräunen auf der Kochstelle oder im Backofen in wenig wasserfreiem Fett oder ohne Fett bei 120 °C bis 200 °C.

Arbeitsgeräte:
- Bratpfanne mit oder ohne Deckel.

Geeignet für:
- Fleischscheiben, Frikadellen, Fisch, Würstchen, Paniertes, Gemüse, Obst, Eierspeisen.

Besondere Hinweise:
- Spritzgefahr.
- Lebensmittel in das heiße Fett legen, Bräunung abwarten, weiterbraten bei geringerer Temperatur.

Langzeitbraten

Definition:
- Langzeitbraten ist ein Garen und Bräunen auf der Kochstelle oder im Backofen mit oder ohne Fett bei 140 °C bis 250 °C.

Arbeitsgeräte:
- Fettpfanne, Bratrost, ofenfester Topf, Bräter.

Geeignet für:
- Große Bratenstücke, Wild, Geflügel im Ganzen, Fisch.

Besondere Hinweise:
- Wird der Braten zu dunkel, 100 ml kochendes Wasser zugeben.
- Braten öfter mit Bratenfond begießen.

Grillen

Definition:
- Grillen ist ein Garen und Bräunen durch Strahlungshitze und Kontaktwärme bei 250 °C bis 300 °C.

Arbeitsgeräte:
- Kontaktgrillen direkt auf der Heizfläche, z. B. heißer Stein.
- Strahlungsgrillen, z. B. auf dem Grillrost.
- Spieße, Fettpfanne.

Geeignet für:
- Fleisch, Würstchen, Fisch, Obst, Gemüse, Kartoffeln.

Besondere Hinweise:
- Ungepökeltes verwenden.
- Etwa 10 cm Abstand zum Grillrost des Backofens halten.
- Backblech darunterlegen, einfetten oder mit geeigneten hitzebeständigen Backpapier belegen.

M63 Gefüllte Paprika

Schmoren

Definition:

- Schmoren ist eine Kombination aus Anbraten in sehr heißem Fett 160 °C bis 200 °C und anschließendem Dünsten in wenig Flüssigkeit bei ca. 100 °C.

Arbeitsgeräte:

- Flacher Bratentopf mit fest schließendem Deckel oder Bräter mit Deckel.

Geeignet für:

- Fleisch (Gulasch, Rouladen, Braten) und Gemüse (Kohl, gefüllte Paprikaschoten).

Besondere Hinweise:

- Spritzgefahr, deshalb Nahrungsmittel vor dem Anbraten trocken tupfen.
- Wasserfreies hitzebeständiges Bratfett verwenden.
- Bräunung abwarten, dann Nahrungsmittel wenden (wenn es braun ist und sich leicht vom Topfboden löst), wiederum Bräunung abwarten und schließlich Flüssigkeit zum Dünsten dazugeben.
- Beim Dünsten Deckel nicht öffnen.

M64 Napfkuchen/Marmorkuchen

Backen

Definition:

- Backen ist ein Garen und Bräunen in heißer Luft bei 140 °C bis 250 °C.

Arbeitsgeräte:

- Backblech, Backform, Auflaufform, Bratfolie.

Geeignet für:

- Teig, Speisen im Teigmantel, Kuchen, Brot, Auflauf.

Besondere Hinweise:

- Backzeiten in Rezepten sind Richtwerte und gelten für den vorgeheizten Ofen.
- Bei Ober- und Unterhitze muss das Gebäck in der Mitte stehen – bei Heißluft gleichzeitig auf mehreren Ebenen.

M65 Pommes frites

Frittieren

Definition:

- Frittieren ist ein Garen und Bräunen in viel heißem Fett bei Temperaturen zwischen 140 °C und 190 °C.

Arbeitsgeräte:

- Friteuse oder Frittiertopf mit Siebeinsatz und Thermometer.

Geeignet für:

- Kleinstückige Lebensmittel, roh, in Panade oder vorgegart (Fisch, Fleisch, Obst, Gemüse, Kartoffeln, Gebäck).

Besondere Hinweise:

- Temperatur beachten! Temperatur zu niedrig = hohe Fettaufnahme/ Temperatur zu hoch = gesundheitsschädlich.
- Lebensmittel trocken tupfen wegen der Spritzgefahr.
- Fett nur 2- bis 3-mal verwenden.
- ***Fettbrand*** mit einem Deckel ersticken, nie mit Wasser löschen!

Glossar
Seite 168 ff.

1 Methode

Nach Rezept arbeiten

Ein Rezept ist die **Arbeitsanleitung** für die Herstellung einer Speise. Es enthält Angaben zu den **Grundzutaten** und den **Geschmackszutaten**, die benötigt werden. In der Regel gelten die **Mengenangaben** für vier Personen. Schrittweise wird angegeben, in welcher **Reihenfolge** gearbeitet werden soll, welche **Geräte** zum Einsatz kommen, wie die Speise aussehen soll (**Formgebung**) und welche **Garmethode** angewendet wird. Zusätzlich werden Angaben gemacht, wie viel **Zeit** für die einzelnen Vorgänge benötigt wird und bei welchen **Temperaturen** gegart werden soll.
In einem **Grundrezept** werden alle wichtigen Arbeitsschritte und **Grundregeln** erklärt. Daraus können vielfältige Rezeptvarianten entwickelt werden.

So geht's:

Planung/ Vorbereitung

1. Wähle ein Rezept aus.
2. Lies es dir genau durch. Kläre Begriffe und Arbeitsschritte, bei denen du unsicher bist, z. B. in Partnerarbeit.
3. Prüfe, ob alle Zutaten in der benötigten Menge vorhanden sind. Erstelle, falls nötig, eine Einkaufsliste für die Zutaten, die fehlen.
4. Ist das Rezept aufwändig oder arbeitest du mit anderen zusammen? Dann erstellt gemeinsam einen Arbeitsplan:

⇨ Arbeitsplan Seite 24–25

Wer?	Was?	Wie lange?

Durchführung

5. Legt in Partnerarbeit alle nötigen Arbeitsgeräte bereit. (Gemeinsames Überprüfen)
6. Wiegt und messt in Partnerarbeit alle Zutaten ab. (Gemeinsames Überprüfen)
7. Einigt euch, wer welche Arbeitsschritte durchführt und achtet auf eine gerechte Verteilung.
8. Führt die Arbeitsschritte durch. Beachtet bei der Zubereitung die Arbeitsschutz- und Hygieneregeln. Gibt es Wartezeiten, die für andere Arbeiten genutzt werden können (z. B. Wegräumen)?

⇨ Regeln Seite 10, 16

Nachbereitung

9. Stellt euer Ergebnis in der Klasse vor.
10. Vergleicht die Ergebnisse miteinander, z. B. im Hinblick auf Aussehen und Geschmack.
11. Wascht ab und räumt auf.

Beispiel: Arbeitsplan für ein Rezept

Toast mit Tomatensalat

Wer?	Was?	Wie lange?
Tina und Tom	1. Lebensmittel und Arbeitsgeräte bereitstellen 2. Zwiebeln und Tomaten schneiden, Salatsoße zubereiten, Salat abschmecken	5 Minuten 15 Minuten
Merle und Azad	1. Lebensmittel und Arbeitsgeräte bereitstellen, Backofen vorheizen 2. Tisch decken 3. Toastbrot toasten, bestreichen	5 Minuten 5 Minuten 10 Minuten

1. Dieser Arbeitsplan berücksichtigt noch nicht die Nacharbeiten (Tisch abräumen, Abwaschen, Aufräumen). Ergänze den Arbeitsplan mit Aufgaben für Tina, Tom, Merle und Azad.

2. Stelle dir vor, du hast folgende Zutaten im Haus: 1 Packung Nudeln, Speiseöl, Gewürze, 1 Dose Tomaten, je 1 grüne, rote und gelbe Paprika. Was könntest du daraus zubereiten? Schreibe dazu einen Arbeitsplan.

3. Suche ein Rezept für dein Lieblingsgericht. Schreibe dazu einen Arbeitsplan.

Abkürzungen in Rezepten:

Std. = Stunde
Min. = Minute
geh. = gehackt
gem. = gemahlen
ger. = gerieben
gr. = groß
kl. = klein
Bd. = Bund
Ds. = Dose
TK = Tiefkühlware
Pck. = Päckchen

1

1.10 Tischsitten

M66 *Tischsitten*

Glossar
Seite 168 ff.

Fragen über Fragen
- Wann darf man mit dem Essen beginnen?
- Und wenn mein Handy klingelt?
- Darf ich die Schuhe ausziehen?
- Wie rufe ich den Kellner?
- Wohin mit meinen Ellenbogen?
- Wie benutze ich den Zahnstocher?
- Und wenn es mir nicht schmeckt?
- Uuups – ich muss mal rülpsen!
- Oh, jetzt ist mir der Happen von der Gabel gehopst!

Tipp:
Unsicherheiten oder Missgeschick bei Tisch können passieren. Es macht einen guten Eindruck, wenn du dich kurz entschuldigst.

1. Vor dem Essen Hände waschen. Schmutzige und ungewaschene Hände sehen nicht appetitlich aus. Außerdem gibt es dort jede Menge Bakterien, die Krankheiten auslösen können.
2. Nicht zu viel auf die Gabel oder den Löffel aufladen – so vermeidest du, dass Teile herunterfallen, bevor sie im Mund angekommen sind und Flecken auf Kleidung und Tischdecken verursachen.
3. Wenn man sich selbst bedienen kann, z. B. bei einem Büfett, erst einmal wenig auf den Teller schichten. Lieber später und noch einmal nehmen.
4. Unterhalte dich nur, wenn dein Mund leer ist. Ansonsten sieht das nicht appetitlich aus, außerdem versteht dich kaum jemand.
5. Schlürfen, schlabbern, rülpsen, pupsen, schniefen … – auch wenn es vor ein paar Hundert Jahren anders war: solche Geräusche hören sich heutzutage beim Essen gar nicht gut an.
6. Sage es, wenn dir das Essen besonders gut geschmeckt hat: „Danke, das war wirklich lecker!" Der Gastgeber freut sich sicherlich darüber.
7. Auch wenn man sich noch so viel Mühe gibt, kann immer wieder mal ein Missgeschick passieren. Beispiele:
   - Was tun, wenn man kurz husten muss? Die Hand vor den Mund halten, am besten zusammen mit einer Serviette.
   - Was tun, wenn man sich bekleckert hat? Mit der Serviette den Fleck abwischen.
   - Was tun, wenn man nicht weiß, wie man mit dem Besteck oder dem Essen umgehen soll? Warte und schau, wie es die anderen machen.

Knigge
Seite 167

❶ Was stört dich bei Tisch? Schreibe deine eigenen fünf wichtigen Regeln für das Benehmen bei Tisch auf:
- zu Hause,
- im Restaurant.

❷ Informiere dich über Tischsitten in anderen Ländern.

1.11 Tisch decken

M67 Gedeck für einen Kaffeetisch, Frühstückstisch, Mittagstisch

Es gelten immer folgende Grundregeln:

- Die Teller stehen etwa 1 cm von der Tischkante entfernt.
- Es wird bei der Anordnung von Rechtshändigkeit ausgegangen. Gabeln liegen also links und Messer rechts vom Teller, mit der Schneide nach innen.
- Tassen und Gläser stehen seitlich rechts oberhalb des Tellers.
- Ordne Bestecke und Gläser so an, dass sie der Gast passend zu jedem Gang findet – er benutzt sie der Reihe nach von außen nach innen.
- Die Servietten befinden sich auf den Tellern oder links daneben. Werden die Teller nicht eingedeckt, steht an jedem Platz zunächst eine Serviette oder ein Platzteller.

M68 Gedeck für Hauptgang mit Suppe, Brotteller, Dessert und Getränk sowie zweitem Glas

Servietten falten
Seite 167

M69 Dekoration

3 Ladet euch jemanden in eure Schulküche ein (Mitschüler/Mitschülerinnen, Lehrkräfte) und serviert ein einfaches Menü an einem ansprechend gedeckten Tisch.

1

1.12 Überprüfe dich selbst

M70 Hygiene

Seite 10

❶ Betrachte M70. Welche Hygieneregeln werden beachtet, welche werden nicht beachtet?

Seite 10

❷ Benenne die drei Bereiche der Hygiene mit je einem Beispiel.

Seite 16

❸ Nenne zwei Beispiele für typische gefährliche Situationen in der Küche. Gib Tipps, wie man sie vermeiden kann.

GLAS HOLZLÖFFEL TOPF GABEL MESSER TELLER

Seite 11

❹ Bringe die Gegenstände für den Abwasch mit der Hand in eine sinnvolle Reihenfolge.

Seite 32–35

M71 Zutaten

❺ Lena hat eingekauft. Stelle aus den Zutaten ein Menü zusammen und nenne dazu passende Garverfahren.

1

2

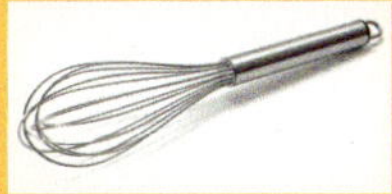

3

4

a Damit trennst du Flüssigkeit und feste Stücke.

b Damit drehst du die Frikadelle in der Pfanne um.

c Damit rührst du alles zu Mus.

d Damit verrührst du Flüssigkeiten.

6 Was gehört zusammen? Ordne zu. Seite 18–19

7 Skizziere, wie ein Frühstücksgedeck ausschaut. Seite 39

8 Plane eine Mahlzeit für dich. Seite 24
Notiere, was du beachten willst. Erstelle dazu einen Arbeitsplan.
Hilfreiche Stichworte: Rezept, Einkaufszettel, Zeitplan

Wichtige Begriffe aus dem Kapitel:

- Greifraum
- Hygiene
- Umweltbewusstsein im Haushalt
- Energielabel
- Energie-Effizienzklasse
- Tunnelgriff
- Krallengriff
- Garverfahren
- Tischsitten

Tauscht euch aus:

- Was fandest du besonders interessant? Gestalte eine Mind-Map mit Themen aus dem Kapitel, die du für dich wichtig findest.
- Hat der Inhalt des Kapitels Auswirkungen auf dein Verhalten in der Küche? Nenne Beispiele.
- Gibt es ein Rezept, das du gerne ausprobieren möchtest?

2 Ernährung und Gesundheit

Online-Link
006575-0043

Wusstest du schon, dass ...

- regelmäßige körperliche Bewegung auch zu einer vollwertigen Ernährung gehört?
- Jugendliche und Erwachsene täglich etwa 2,5 Liter Flüssigkeit zu sich nehmen sollen?
- Ballaststoffe keinen unnötigen Ballast meinen?

Das lernst du in diesem Kapitel:

- Nährstoffe und ihre Aufgaben im Körper zu unterscheiden
- Lebensmittel in Gruppen einzuteilen und zu bewerten
- deinen eigenen Ernährungsgewohnheiten auf die Spur zu kommen
- was eine vollwertige Ernährung ist und wie du eine solche Ernährung im Alltag umsetzen kannst
- Zusammenhänge zwischen Ernährung, Leistungsfähigkeit, Gesundheit und Wohlbefinden zu erkennen

Ideen für Projekte

- Veranstaltet einen Aktionstag zum Thema vollwertige Ernährung: Ihr könnt eure Lernergebnisse zu verschiedenen Lebensmitteln im Klassenraum präsentieren und bekannte Aussagen aus der Werbung gegenüberstellen („entlarven").
- Führt einen Projekttag durch, an dem ihr Versuche zu Nährstoffnachweisen in Lebensmitteln durchführt und dokumentiert.

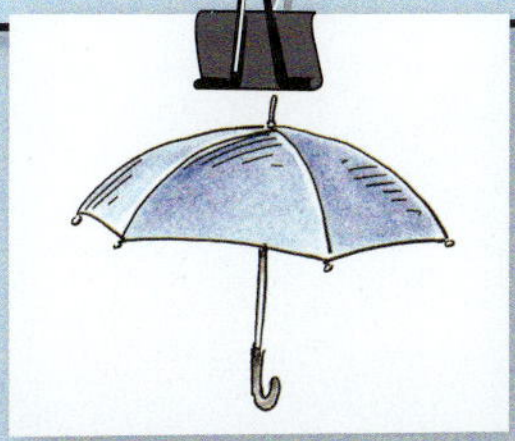

2

2.1 Nahrungsaufnahme

M1 Alter und Gewicht

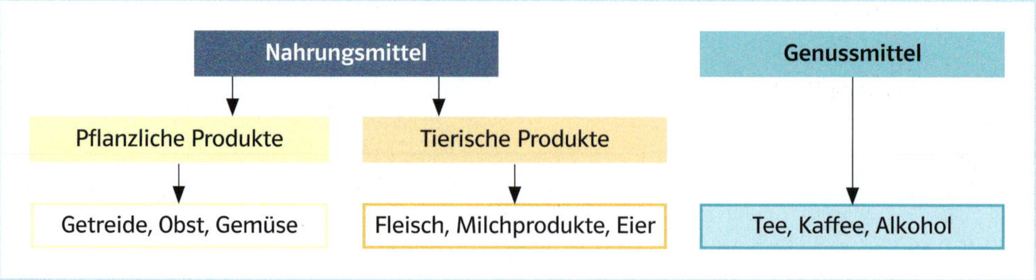

M2 Nahrungsmittel und Genussmittel

Warum müssen wir essen und trinken?

Durch die Nahrungsaufnahme führen wir dem Körper lebenswichtige Nährstoffe zu. Diese unterstützen das Wachstum, liefern Energie und schützen vor Krankheiten.

Die meisten Menschen sind mit einem Gewicht von ca. 3500 Gramm und einer Größe von ca. 50 cm auf die Welt gekommen. Im ausgewachsenen Zustand schwanken die Angaben von Gewicht und Größe M1.

Um diese enorme Zunahme von Gewicht und Größe zu erreichen, benötigt der Körper Nahrung. In der Nahrung sind wichtige *Nährstoffe* enthalten, das sind die verwertbaren Bestandteile der Lebensmittel. Nährstoffe stecken sowohl in pflanzlichen als auch in tierischen Produkten.

Glossar
Seite 168 ff.

Hauptsächlich besteht der menschliche Körper aus Wasser (ca. 60 – 65 %), Eiweiß, Fett und Mineralstoffen. Wasser spielt also eine sehr wichtige Rolle. Es ist Bestandteil aller Körperflüssigkeiten und ein Lösungs- und Transportmittel, z. B. für Mineralstoffe. Da wir ständig Flüssigkeit ausscheiden (bis zu 2,5 l am Tag), müssen wir dem Körper dringend die entsprechende Menge wieder zuführen. Dieser Flüssigkeitsbedarf sollte möglichst mit Wasser gedeckt werden.

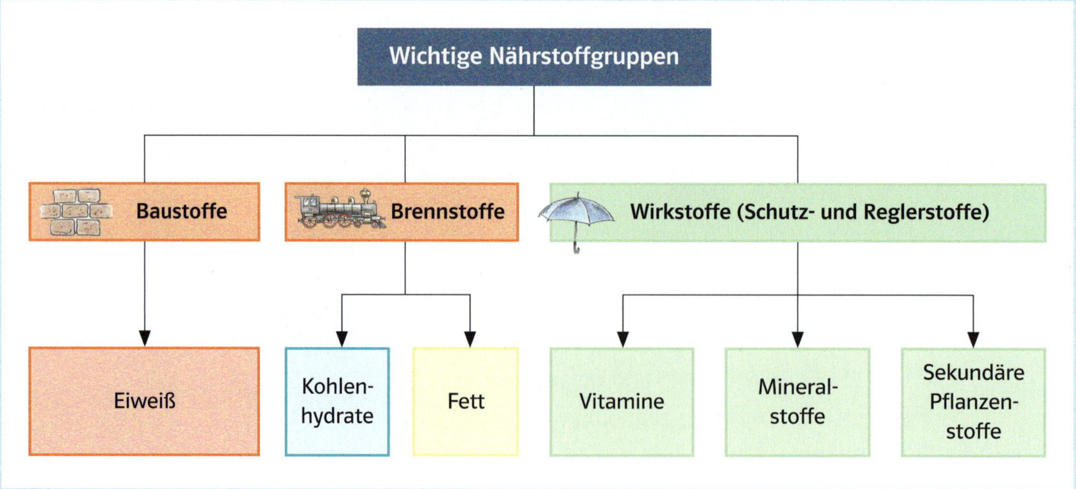

M3 Nährstoffe

2.2 Nährstoffe: Baustoffe, Brennstoffe, Wirkstoffe

2

Baustoffe

M4 Eiweißhaltige Lebensmittel

Tipp:
15 % der täglichen Energiebedarfsmenge sollte aus Eiweiß gedeckt werden (davon $\frac{1}{3}$ durch tierische und $\frac{2}{3}$ durch pflanzliche Lebensmittel).

Die wichtigsten Baustoffe:
- *Eiweiße*

Aufgaben im Körper:
- Ohne Eiweiß gibt es kein Wachstum. Eiweiße helfen beim Aufbau und der Erneuerung von Körperzellen. Sie sind wichtig für das Wachstum von Haaren und Fingernägeln sowie für den Aufbau von Knochen und Muskelgewebe.

Bedarfsdeckung:
- Bedarf einer erwachsenen Person: täglich ca. 1 g Eiweiß pro Kilogramm Körpergewicht.

Lebensmittel, die Eiweiß enthalten:
- Tierisches Eiweiß: Milch und Milchprodukte, Eier, Fisch und Fleisch
- Pflanzliches Eiweiß: Getreide, Gemüse und Hülsenfrüchte

Küchentechnische Eigenschaften und Garverhalten:
- Eiweiße sind empfindlich gegen Hitze und Chemikalien. Bei 60 °C beginnt Eiweiß zu gerinnen, d. h., seine Struktur verändert sich. Das passiert z. B. beim hartgekochten Ei, beim Omelett, bei gebratenem Fleisch.

Sonstiges:
- Da der menschliche Körper keine Eiweiße produzieren und speichern kann, müssen sie unbedingt regelmäßig mit der Nahrung aufgenommen werden. Bei einer Unterversorgung nimmt die Leistungsfähigkeit ab.
- Aber vor einer massiven Eiweiß-Überversorgung ist ebenfalls zu warnen, da dadurch Krankheiten ausgelöst werden können.

Glossar
Seite 168 ff.

1. Warum sollst du täglich ca. 1,5–2,5 l trinken?
2. Nenne die lebenswichtigen Nährstoffe für unseren Körper **M3**.
3. Überlege, warum ein Kleinkind einen hohen Eiweißbedarf hat.
4. Begründe, warum viele Bodybuilder eiweißhaltige Drinks trinken.
5. Informiere dich über Krankheiten, die durch eine Über- und Unterversorgung von Eiweißen entstehen können.

2

2.2 Nährstoffe: Baustoffe, Brennstoffe, Wirkstoffe

Brennstoffe

Tipp:
Kohlenhydrate sollten mit etwa 55 % den Großteil unserer Energiebedarfsmenge ausmachen.

M5 Kohlenhydrathaltige Lebensmittel

Die wichtigsten Brennstoffe:
- *Kohlenhydrate*
- Fette (pflanzliche und tierische)

Glossar Seite 168 ff.

Kohlenhydrate

Glossar Seite 168 ff.

Aufgaben im Körper:
- Kohlenhydrate liefern Energie und halten die wichtigsten Lebensvorgänge wie Atmung und Herztätigkeit aufrecht.

Bedarfsdeckung:
- Bedarf einer erwachsenen Person an Kohlenhydraten: täglich ca. 5 g Kohlenhydrate pro Kilogramm Körpergewicht.

Lebensmittel, die Kohlenhydrate enthalten:
- Kohlenhydrate stecken hauptsächlich in Kartoffeln, Getreide (Brot), Reis, Teigwaren (Nudeln) sowie zuckerhaltigen Lebensmitteln wie Süßigkeiten. Der Hauptanteil des Kohlenhydratbedarfs sollte z. B. mit Vollkornprodukten, Kartoffeln oder Reis gedeckt werden. Lebensmittel, die viel Zucker enthalten sparsam verwenden, z. B. Süßigkeiten, Gebäck oder süße Getränke. Sie liefern nur kurzzeitig Energie.

Zucker:
- Haushaltszucker ist wasserlöslich.
- Je feiner der Zucker, desto schneller verklumpt er in feuchten Räumen. Eine sachgerechte Lagerung ist deshalb wichtig.
- Erhitzt man Zucker, so schmilzt er zu einer klaren Masse. Je länger Zucker erhitzt wird, desto intensiver wird seine Farbveränderung und es entsteht Karamell.
- Haushaltszucker verliert beim Kochen an Süßkraft, insbesondere in Verbindung mit sauren Früchten. Daher erst nach dem Garen süßen.

Sonstiges:
- Kohlenhydrathaltige Lebensmittel mit einem hohen Anteil an ***Ballaststoffen*** sind ein wichtiger Bestandteil unserer Nahrung. Sie sind vor allem in Gemüse, Getreide sowie Hülsenfrüchten enthalten. Ballaststoffe fördern die Verdauung und verweilen länger im Magen – dadurch machen sie auch länger satt.

Wenn du mehr Kohlenhydrate zu dir nimmst, als du zur Energiegewinnung benötigst, werden diese als Energiereserve gespeichert (Depotfett). Ist der Speicher voll, werden Kohlenhydrate zu Fett umgewandelt und im Fettgewebe gespeichert.
Wenn du mehr Fett, als du brauchst, zu dir nimmst, wird dieses ebenfalls gespeichert. Bevor diese Energie aus dem Fettgewebe geholt wird, kann viel Zeit vergehen, denn an erster Stelle werden die gespeicherten Kohlenhydrate zur Energiegewinnung genutzt. Gelingt es nicht, die Fettreserven abzubauen, können Übergewicht und dadurch bedingte Krankheiten die Folge sein.

1. Beschreibe, welche Aufgaben Kohlenhydrate und Fette im Körper haben.
2. Erkläre den Begriff „versteckte Fette".
3. Begründe, warum viele Sportler vor Wettkämpfen große Mengen Nudeln essen.
4. Informiere dich, welche Krankheiten entstehen können, wenn es nicht gelingt, große Fettreserven abzubauen.

M6 Fetthaltige Lebensmittel

Fette

Aufgaben im Körper:

- Fette und Kohlenhydrate liefern Energie für geistige und körperliche Tätigkeiten, aber auch zur Regulierung unserer Körpertemperatur.
- Fette polstern und schützen die Organe vor Verletzungen. Sie dienen dem Körper als Reservestoff für Mangelzeiten.

Bedarfsdeckung:

- Bedarf einer erwachsenen Person an Fetten: täglich ca. 1 g Fett pro Kilogramm Körpergewicht.

Lebensmittel, die Fette enthalten:

- Fett steckt z. B. in Öl, Wurst, Butter, Käse, Kuchen, Schokolade.
  Achtung Viele Lebensmittel enthalten „*versteckte Fette*". Dieser Begriff meint das nicht sichtbare Fett in Lebensmitteln, wie z. B. in Wurst, Käse, Süßwaren.

Küchentechnische Eigenschaften und Garverhalten: Fett

- Fett ist leichter als Wasser. Es schwimmt auf der Oberfläche und kann von einer erkalteten Flüssigkeit entfernt werden, z. B. von Suppe.
- Nahezu alle Fette sind wasserunlöslich. Aber durch schnelles Rühren verbindet sich Fett mit Flüssigkeiten und verteilt sich in kleinste Tröpfchen, z. B. bei Salatöl.
- Fette sind Geschmacksträger, d. h., manche Aromen entfalten sich besser, wenn man etwas Butter oder Sahne beifügt. Fleisch, das in heißem Fett angebraten wird, bildet Röst- und Aromastoffe.
- Das vorherige Einfetten von Kuchenformen verhindert ein Anbacken.

Sonstiges:

- Es gibt fettlösliche Vitamine, z. B. A, D, E, K. Sie können nur in Verbindung mit Fett vom Körper aufgenommen werden. Aus diesem Grund sollten beispielsweise Möhren immer mit etwas Fett verzehrt werden, z. B. als Möhrensalat mit etwas Öl.
- Die Fettzufuhr sollte möglichst mit hochwertigen Fetten gedeckt werden. Diese enthalten die lebensnotwendigen Omega-3- und Omega-6-Fettsäuren. Sie sind besonders in pflanzlichen Ölen und in Kaltwasserfischen vorhanden. Daher sollte jede Woche Fisch verzehrt werden. Auch sind täglich 2 EL kaltgepresstes Pflanzenöl wie Lein-, Sesam-, Raps- oder Olivenöl, z. B. in Salat, empfehlenswert.

Tipp:
Höchstens 30 % der täglichen Energiebedarfsmenge sollte durch Fette gedeckt werden.

Tipp:
Achte beim Kochen auf eine gezielte Fettauswahl und auf die Fettmenge. Wenn du das Fett mit einem Ess- oder Teelöffel abmisst, kannst du die Menge besser abschätzen.

Glossar
Seite 168ff.

5. Vergleicht in Partnerarbeit den Fettgehalt von verschiedenen Lebensmitteln im Supermarkt (oder nutze die Nährwerttabelle im Anhang). Macht euch Notizen. Wo hättest du einen höheren oder niedrigeren Fettanteil vermutet?

6. Vergleicht Rezepte für einen Nudelsalat. Untersucht, durch welche Zutaten der Salat fettärmer oder fettreicher wird.

7. Informiere dich, warum Omega-3-Fettsäuren besonders wichtige Nahrungsbestandteile sind.

Rezepte
Seite 139

2

2.2 Nährstoffe: Baustoffe, Brennstoffe, Wirkstoffe

Wirkstoffe (= Schutz- und Reglerstoffe)

Tipp:
In einer vollwertigen Ernährung sind alle notwendigen Wirkstoffe in ausreichender Menge vorhanden.

M7 Obst und Gemüse enthalten viel Vitamine, Mineralstoffe, sekundäre Pflanzenstoffe

Glossar Seite 168 ff.

Es gibt noch andere lebensnotwendige Stoffe, die unser Körper braucht und nicht selbst herstellen kann. Das sind vor allem *Vitamine*, **Mineralstoffe** und **sekundäre Pflanzenstoffe**. Sie liefern zwar keine Energie, werden aber für lebenswichtige Funktionen benötigt, z. B. für den Stoffwechsel oder zur Stärkung des Immunsystems.
Ihr Fehlen kann zu Mangelerscheinungen und Krankheiten führen.

- **Mineralstoffe** sind z. B. Calcium, Natrium, Kalium, Phosphat, Magnesium, Chlorid, Eisen, Zink, Kupfer, Mangan, Jodid, Fluorid. Sie sind vorhanden in Leber, Spinat, Fisch, Sellerie, Banane, Nüssen.
- Fettlösliche **Vitamine** sind z. B. Vitamin A, D, E und K. Wasserlösliche Vitamine sind z. B. Vitamin C und Vitamine der B-Gruppe.
- **Sekundäre Pflanzenstoffe** sind z. B. Carotinoide, Flavonoide, Phytosterine. Sie stecken in rohem Obst, in Gemüse und Kräutern.

Garverfahren Seite 32ff.

Bedarfsdeckung:

Der Bedarf ist ausreichend gedeckt, wenn der Speiseplan abwechslungsreich ist, viel Obst, Gemüse und Vollkornprodukte enthält und die Speisen schonend zubereitet werden.

Küchentechnische Eigenschaften und Garverhalten:

- Mineralstoffe und manche Vitamine sind wasserlöslich. Lebensmittel sollten darum nicht zu klein geschnitten werden und nicht zu lange im Wasser liegen, damit sie nicht auslaugen.
- Mineralstoffe und Vitamine sind empfindlich gegenüber Wärme und Hitze, Luft und Licht. Optimale Lagerbedingungen sind wichtig. Bei der Verarbeitung von Lebensmitteln ist darauf zu achten, dass Mahlzeiten zeitnah zum Verzehr vor- und zubereitet werden.
- Schonende Garverfahren, z. B. Dünsten oder Dämpfen, sichern einen möglichst guten Erhalt der Vitamine im Lebensmittel. Langes Warmhalten vermeiden.
- Tiefgekühltes Obst oder Gemüse sollte noch im gefrorenen Zustand weiterverarbeitet werden. Ein Farb- und Nährstoffverlust durch das auftretende Auftauwasser wird so verringert.
- Lebensmittel möglichst frisch verwenden.

1. Teilt die Klasse in fünf etwa gleich große Gruppen ein. Jede Gruppe bekommt einen Nährstoff zugeteilt:
   - Kohlenhydrate (und Ballaststoffe)
   - Fette
   - Eiweiß
   - Vitamine
   - Mineralstoffe

Mineralstoffe – Wie sie im Körper wirken und in welchen Lebensmitteln sie vorkommen

Mineralstoff	Aufgaben im Körper	Lebensmittel
Kalium	Erhält die Gewebespannung	Getreide, Obst, Gemüse
Calcium	Sorgt für den Aufbau von Knochen und Zähnen	Milchprodukte
Magnesium	Reguliert die Muskel- und Nervenerregbarkeit	Grünes Gemüse
Phospor	Stärkt den Knochenaufbau	Milchprodukte, Hülsenfrüchte

Vitamine – Wie sie im Körper wirken und in welchen Lebensmitteln sie vorkommen

Vitamin	Aufgaben im Körper	Lebensmittel
A	Erhält und verbessert die Sehkraft	Leber, Eigelb, Butter, Spinat, Fisch, Möhren
D	Fördert die Calciumaufnahme aus der Nahrung; das stärkt Knochen und Zähne	Fisch, Milch und Milchprodukte, Eigelb
B_1 – B_{12}	B_1 stärkt das Nervensystem, B_2 kurbelt den Stoffwechsel an und B_{12} verhindert Blutarmut; alle B-Vitamine fördern das Wachstum	Vollkornprodukte (z. B. Wildreis), Milch, Käse, Quark, Fleisch, Fisch, Bohnen, Mais, Nüsse
C	Stärkt das Immunsystem, fördert die Wundheilung und vermindert Zahnfleischprobleme	Obst (besonders Zitrusfrüchte wie Orangen und Zitronen), Gemüse, Kartoffeln

Die Aufgaben der Vitamine A bis D in der Tabelle sind nur Beispiele für die vielen Aufgaben, die sie im Körper haben. Daneben gibt es auch noch andere wichtige Vitamine, z. B. E, K oder Biotin.

Gesamtenergiebedarf

Ein gesunder, erwachsener Mensch mit 70 kg Körpergewicht hat bei mittelschwerer Arbeit einen durchschnittlichen Gesamtenergiebedarf von ca. 10 400 kJ (= 2 400 kcal) pro Tag.
Daraus ergibt sich bei einem optimalen Verhältnis der Nährstoffzusammensetzung folgende Verteilung:

Kohlenhydrate 55 %	Eiweiß 15 %	Fett 30 %
= 5 800 kJ (1 300 kcal)	= 1 500 kJ (350 kcal)	= 3 100 kJ (750 kcal)

2 Erstellt mithilfe der Texte, aber auch des Internets oder eurer Biologiebücher, ein Plakat für jeden Nährstoff. Klebt Fotos von Lebensmitteln dazu, in denen die Nährstoffe enthalten sind. Schaut euch in diesem Zusammenhang die Nährwertangaben auf den Verpackungen von Lebensmitteln an.

3 Präsentiert eure Plakate in der Klasse und hängt sie auf.

4 Bewertet eure Plakate.

Nährwertkompass
Seite 167

2

2.3 Energiebedarf des Menschen

M8 Energiebedarf: Ruhe – Aktivität

Der menschliche Körper benötigt für die Aufrechterhaltung seiner Körpervorgänge, der Erhaltung seiner Körpertemperatur sowie für jede Arbeitsleistung Energie. Diese Energie holt sich der Körper aus der Aufnahme und der Umwandlung von Nährstoffen aus der Nahrung.

Achtung Je nachdem, wie aktiv du bist, wie deine gesundheitliche Verfassung ist oder wie sehr du durch Umweltbedingungen, z. B. Kälte, beansprucht bist, schwankt dein Energiebedarf.

Die Energie, die bei der Verbrennung von Nährstoffen freigesetzt wird, wird in Kilojoule (kJ) bzw. Kilokalorien (kcal) gemessen.

Grundsätzlich unterscheidet man zwischen ***Grundumsatz*** und ***Leistungsumsatz***.

Glossar
Seite 168 ff.

1. Beschreibe, wofür der menschliche Organismus Energie benötigt.
2. Worin unterscheiden sich Grundumsatz und Leistungsumsatz?
3. Vergleiche deine Ergebnisse in Partnerarbeit. Schreibt eine kurze Begründung für eure Entscheidung.
4. Vergleiche die Abbildungen auf M8. Schreibe auf, wer jeweils den höheren Energiebedarf hat.

Tätigkeit/Art der Energieverbrennung	kJ/h (= Kilojoule pro Stunde)	kcal/h (= Kilokalorie pro Stunde)
Schlafen oder Sitzen	250	60
Gehen auf gerader Strecke	850	200
Radfahren	1500	350
Treppensteigen	2000	500
Joggen	2500	600
Schwimmen	3100	750

M9 Energiebedarf bei unterschiedlichen Aktivitäten

BzGA
Seite 167

Grundumsatz

Der Grundumsatz ist die Menge an Energie, die ein Mensch benötigt, um alle lebenswichtigen Vorgänge in Gang zu halten, wie z. B. Atmung, Stoffwechselvorgänge, Herzschlag, Abwehr von Krankheitserregern (Viren, Keime, Bakterien). Diese Vorgänge finden immer statt, egal ob wir wach sind oder schlafen. Dieser Grundumsatz ist individuell und von folgenden Faktoren beeinflusst: Geschlecht, Alter, Gewicht und Körpergröße. Auch Stress und die Wirkung von Hormonen spielen eine Rolle für den individuellen Grundumsatz.

Leistungsumsatz

Der Leistungsumsatz ist die Menge an Energie, die ein Mensch zusätzlich zu seinem Grundumsatz benötigt, z. B. für Muskelarbeit oder geistige Arbeit in Schule, Beruf oder Freizeit. Auch der Leistungsumsatz ist von einigen Faktoren abhängig: Verdauungstätigkeiten (Stoffwechselleistungen), körperlichen Tätigkeiten, Klima.

Erst die Summe aus Grundumsatz und Leistungsumsatz zeigt, welchen Energiebedarf ein Mensch über einen bestimmten Zeitraum hat. Männer verbrauchen durch ihre größere Muskelmasse in der Regel etwas mehr Energie als Frauen.

Regelmäßig stellt die Deutsche Gesellschaft für Ernährung e. V. in ihren Ernährungsberichten fest, dass viele Menschen im Durchschnitt zu viel Fett, teilweise zu viel Eiweiß und im Gegensatz dazu zu wenig Kohlenhydrate essen. Oft steht energiereiche, zuckerhaltige Nahrung auf dem Speiseplan, die nicht selten zu wenig Vitamine und Mineralstoffe enthält. Wer sich auf diese Weise über lange Zeit falsch ernährt, dessen optimale Nährstoffversorgung ist nicht gewährleistet. Krankheiten und Übergewicht sind die Folgen. Einher damit geht zu wenig Bewegung. Dabei kann der Energieverbrauch durch regelmäßige leichte oder sportliche Aktivität erhöht werden. So lagert der Körper weniger Fettgewebe ein und bleibt insgesamt leistungsfähiger und gesünder.

DGE
Seite 167

5 Ermittelt in der Klasse Beispiele für individuelle Faktoren, die Grundumsatz, Leistungsumsatz und Energieverbrauch beeinflussen. Schreibt sie an die Tafel.

6 Erkläre, warum Bewegung gut und sehr wichtig ist **M9**.

7 Entwickle Ideen, wie du mehr Bewegung in deinen (Schul-)Alltag einplanen kannst.

2 Methode

Experiment zum Energiebedarf

Glossar
Seite 168 ff.

Während des Tages ist der Mensch unterschiedlich leistungsfähig – das kannst du bei deinen Mahlzeiten berücksichtigen. Wann dein Körper Energie benötigt, zeigt die *Tagesleistungskurve* M10.

Ein Leistungshoch zeigt sich in der Regel zwischen 9–11 Uhr und zwischen 17–20 Uhr.

Die täglich notwendige Energiemenge kann natürlich nicht nur mit einer Mahlzeit aufgenommen werden. Aber die erste Mahlzeit des Tages ist besonders wichtig. Daher steht bei diesem Experiment das Frühstück im Vordergrund.

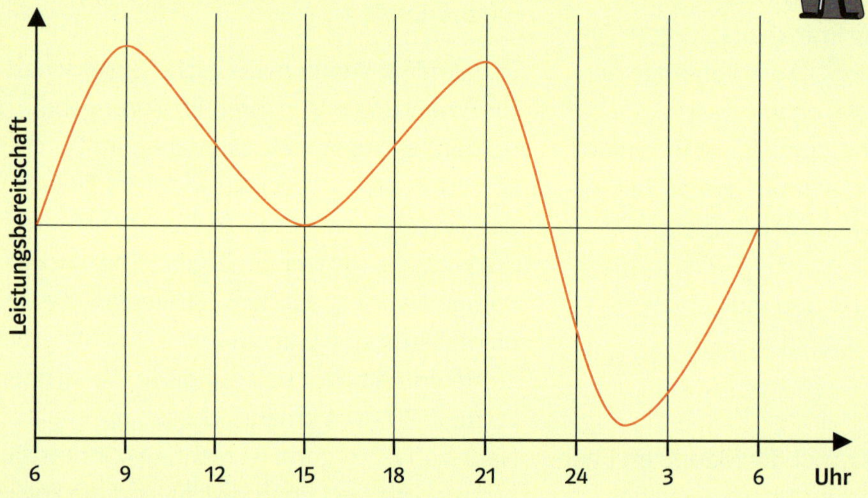

M10 Tagesleistungskurve

Tipps für ein gelungenes Frühstück:
- Stehe rechtzeitig auf, damit du in Ruhe frühstücken kannst.
- Frühstücke an einem ansprechend gedeckten Tisch – das Auge isst schließlich mit.
- Überlege dir, wie du Abwechslung auf den Frühstückstisch bringen kannst. Es gibt viele Möglichkeiten:
  - unterschiedliche Brotsorten oder Brotbeläge
  - verschiedene Müslisorten
  - Obst
  - Milchprodukte

So geht's:

❶ Frühstücke an zwei Tagen unterschiedlich.
Besorge dir die entsprechenden Lebensmittel.

1. Tag: Nimm ein Frühstück mit vielen Kohlenhydraten und Ballaststoffen zu dir, z. B. mit Vollkornbrot oder Müsli.

2. Tag: Nimm ein Frühstück mit wenig Kohlenhydraten und Ballaststoffen zu dir, z. B. Toast oder einen Joghurt.

Planung

❷ Führe an den zwei Tagen ein Frühstücksprotokoll.
Notiere dabei zwei Aspekte:
- Was hast du genau gegessen?
- Wie fühlst du dich gegen Mittag?

Durchführung

❸ Vergleicht eure Ergebnisse. Wie leistungsfähig habt ihr euch jeweils am Mittag des 1. und 2. Tages gefühlt?

Reflexion

❹ Diskutiert:
- Warum ist ein Frühstück grundsätzlich wichtig?
- Welche Nahrungsmittel sind beim Frühstück besonders sinnvoll?

Beispiel: Frühstücksprotokoll von Anna

1. Tag: Vollkornbrot mit Käse (eine Schnitte), eine Tasse Tee

So fühlte ich mich mittags:
Ich fühlte mich ganz gut und hatte noch genug Energie.
Hatte auch etwas Hunger.

2. Tag: Toast mit Marmelade, ein Glas Saft

So fühlte ich mich mittags: …

2 2.4 Die 7 Lebensmittelgruppen und ihr Energiegehalt

Lebensmittelgruppen im Überblick

M11 Ernährungspyramide

Glossar
Seite 168 ff.

Die 7 ***Lebensmittelgruppen*** bilden die Grundlage für eine vollwertige Ernährung. Jede Gruppe liefert dem menschlichen Körper wichtige Stoffe (Kohlenhydrate, Eiweiße etc.) in unterschiedlicher Menge.

Die Ernährungspyramide ist eine Hilfe für eine gesunde Lebensmittelzusammenstellung. Je weiter unten ein Lebensmittel steht, desto öfter sollte es verzehrt werden.

Du bist ausreichend mit allen Stoffen versorgt, wenn Lebensmittel aus jeder Gruppe in der richtigen Menge verzehrt werden.

Gruppe 1: Getränke
Unser Nahrungsmittel Nummer eins ist Wasser. Der tägliche Flüssigkeitsbedarf beträgt ca. 1,5–2,5 Liter, z. B. Mineralwasser, ungesüßte Früchtetees, verdünnte Fruchtsäfte.

Gruppe 2: Getreide, Getreideerzeugnisse und Kartoffeln
Hier sind vor allem Kohlenhydrate in Form von Stärke und Ballaststoffen zu finden. Zusätzlich versorgen Getreideprodukte den Körper mit Eiweiß, Vitaminen und Mineralstoffen. Diese Lebensmittel sättigen und fördern die Verdauung.

Gruppe 3: Gemüse und Hülsenfrüchte
Diese versorgen den Körper mit Vitaminen, Mineralstoffen, Ballaststoffen und sekundären Pflanzenstoffen. Hülsenfrüchte haben einen hohen Gehalt an pflanzlichem Eiweiß.

Gruppe 4: Obst
Es enthält vor allem Vitamin C, Mineralstoffe, Fruchtsäuren und Frucht- und Traubenzucker.

1. Erstellt in einer Gruppe eine Collage zur Ernährungspyramide M11. Findet Fotos zu jeder Lebensmittelgruppe.
2. Was ist dein Leibgericht? Erkundige dich, aus welchen Zutaten das Gericht besteht. Ordne sie den Lebensmittelgruppen zu.
3. Beurteile mithilfe der Ernährungspyramide, ob du dein Leibgericht öfter oder nur gelegentlich zu dir nehmen solltest.

Gruppe 5: Milch und Milchprodukte
Sie liefern hochwertiges Eiweiß, Calcium und Vitamine der B-Gruppe. Personen mit Gewichtsproblemen können auf fettarme Milchprodukte ausweichen.

Gruppe 6: Fleisch, Fisch und Eier
Sie versorgen den Körper mit Eiweiß, den Vitaminen B und E, Eisen und Jod. Auch hier sollten Personen mit Gewichtsproblemen fettarme Produkte bevorzugen, z. B. Geflügel, Kabeljau.

Gruppe 7: Fette
Fette liefern dem Körper lebenswichtige Fettsäuren und fettlösliche Vitamine. Speiseöle und -fette sparsam verwenden. Pflanzliche Öle sowie Fette mit ungesättigten Fettsäuren und einem hohen Anteil an Omega-3-Fettsäuren bevorzugen, z. B. Leinöl, Sojaöl und Rapsöl (nicht erhitzen). Olivenöl zum Braten verwenden. Achtung bei versteckte Fetten, wie z. B. in Haselnüssen, Schokolade und Käse.

Tipp:
Wähle täglich Lebensmittel aus den Gruppen 1–5 und Gruppe 7. Gut ist es, zu jeder Mahlzeit Obst oder Gemüse zu essen.

Mengenvorschläge zur Orientierung

Gruppe 1: • Getränke	Täglich mindestens 1,5–2,5 Liter Getränke, möglichst zuckerfrei
Gruppe 2: • Getreide • Getreide-erzeugnisse • Kartoffeln	Täglich und reichlich Getreideerzeugnisse (hauptsächlich aus Vollkorn), z. B. Brot (4–5 Scheiben) oder Nudeln (200–250 g gekocht) oder Reis (ca. 200 g gekocht) oder Kartoffeln (ca. 250 g gekocht)
Gruppe 3: • Gemüse • Hülsenfrüchte	Täglich mindestens 3 Portionen Gemüse (ca. 400 g), Hülsenfrüchte häufiger im Monat (Eintopf oder als Beilage)
Gruppe 4: • Obst	Täglich mindestens 2 Portionen frisches Obst
Gruppe 5: • Milch • Milchprodukte	Täglich fettarme Milch und Milcherzeugnisse Milch/Joghurt/Buttermilch/Quark (200–250 ml) Käse (50–60 g)
Gruppe 6: • Fleisch • Fisch • Eier	Pro Woche 2 Portionen Fisch, fettreich (ca. 150 g) 2 Portionen fettarmes Fleisch (je 80–100 g) 2–3 Portionen fettarme Wurst (je 30 g) 2–4 Eier (inklusive verarbeitetes Ei in Speisen)
Gruppe 7: • Fette	Täglich hochwertiges verarbeitetes Fett (2 EL), z. B. Leinöl, Sojaöl, Rapsöl, Olivenöl; andere Fette so wenig wie möglich

4 Erstelle mithilfe eines Partners/einer Partnerin einen Essensplan für eine Woche unter Berücksichtigung der in der Tabelle angegebenen Mengenvorschläge.

5 Vergleicht und diskutiert eure Ergebnisse.

Essensplan	Mo.	Di.	Mi.	Do.	Fr.	Sa.	So.
morgens	Brot mit Käse, Apfel	Früchte-müsli mit Milch	...				
mittags	...	...					
abends	...	...					

2

2.5 Vollwertige Ernährung

Aufgaben und Ziele der vollwertigen Ernährung

M12 Lebensmittel für eine vollwertige Ernährung

Glossar
Seite 168 ff.

Um körperlich und geistig fit und leistungsfähig zu sein, ist eine sinnvoll zusammengesetzte Ernährung eine der wichtigsten Voraussetzungen. Der Körper enthält dadurch alle wichtigen und notwendigen Nährstoffe in ausreichender Menge. Eine falsch zusammengesetzte Ernährung kann zu Krankheiten führen. Oft sind die Folgen der falschen Ernährung nicht sofort spürbar, sondern treten erst Jahre später auf.

Lebensmittelgruppen
Seite 54f.

Das Ziel der vollwertigen Ernährung ist die optimale Versorgung des Körpers mit allen lebensnotwendigen Nährstoffen.

So aktiviert der Körper die Verdauungsorgane, entwickelt Abwehrkräfte gegenüber Krankheiten und ist optimal leistungsfähig.

Grundsätze einer vollwertigen Ernährung:

Bei der ***vollwertigen Ernährung*** werden Lebensmittel und Getränke unter folgenden Grundsätzen ausgewählt:

- Die Ernährung besteht zum Großteil aus pflanzlichen Lebensmitteln.
- Fleisch und Wurst werden sparsam verzehrt.
- Die Ernährung ist abwechslungsreich, vielseitig und ausgewogen.
- Bevorzugt werden Lebensmittel, die so wenig wie möglich behandelt, so schonend und kurz wie möglich zubereitet und verarbeitet werden.

Eine Vielzahl ernährungsbedingter Erkrankungen und die teilweise berechtigte Angst vor „Chemie“ in Lebensmitteln führen dazu, dass viele Leute diese Ernährungsweise für sich entdecken.

Nährstoffe
Seite 45ff.

1. Zähle die Grundsätze einer vollwertigen Ernährung auf.
2. Nenne Gründe, die für eine vollwertige Ernährung sprechen.
3. Vergleiche mit deinen Ernährungsgewohnheiten. Notiere dir auf einem Merkzettel, was du im Hinblick auf eine vollwertige Ernährung ändern könntest.
4. Sieh dir den Tagesspeiseplan von Susanne genau an. Errechne und untersuche, ob Susanne ihren Tagesenergiebedarf deckt oder ihn über- oder unterschreitet.

Tagesspeiseplan

Tagesspeiseplan von Susanne, 15 Jahre, Gesamtenergiebedarf 9 400 kJ (2 250 kcal)

Menge	Lebensmittel	Energie kJ	Energie kcal	Eiweiß g	Fett g	Kohlenhydrate g
Frühstück						
200 ml (1 Glas)	Apfelsaft	410	98	2	0	24
Istzufuhr 1. Frühstück		?	?	?	?	?
1. Zwischenmahlzeit						
80 g (2 Scheiben)	Mehrkornbrot	756	180	6	2	34
8 g (2 Teelöffel)	Butter	240	58	0	6	0
20 g (2 Teelöffel)	Honig	275	65	0	0	16
150 g (1 Becher)	Vollmilchjoghurt mit Früchten	615	146	6	5	23
160 g (1 Stück)	Apfel	336	80	0	0	19
Istzufuhr 1. Zwischenmahlzeit		?	?	?	?	?
Mittagessen						
150 g (1 Portion)	Eiernudeln	900	214	8	2	42
30 g (2 Esslöffel)	Tomatenketchup	134	32	0	0	8
10 ml (1 Esslöffel)	Sonnenblumenöl	370	88	0	10	0
140 g (2 Stück)	Tomaten	98	24	2	0	4
	Salz, Pfeffer	0	0	0	0	0
60 g (2 Kugeln)	Eiscreme	538	128	2	8	12
Istzufuhr Mittagessen		?		?	?	?
2. Zwischenmahlzeit						
40 g (2 Scheiben)	Toastbrot (Weizen)	436	104	2	2	20
20 g (2 Teelöffel)	Nuss-Nugat-Creme	230	55	1	4	5
200 ml (1 Glas)	Multivitaminnektar	205	49	1	0	11
Istzufuhr 2. Zwischenmahlzeit		?	?	?	?	?
Abendessen						
40 g (1 Stück)	Brötchen (Weizen)	426	101	3	1	20
8 g (2 Teelöffel)	Butter	240	58	0	6	0
30 g (1 Scheibe)	Goudakäse, 45 % i.Tr.	449	107	7	8	1
20 g (2 Scheiben)	Salami	424	100	4	10	0
Istzufuhr Abendessen		?	?	?	?	?
3. Zwischenmahlzeit						
125 g (½ Packung)	Geröstete Erdnüsse	3 133	745	33	63	13
500 ml (½ Flasche)	Cola-Getränk	1 222	290	0	0	36
Istzufuhr 3. Zwischenmahlzeit		?	?	?	?	?
Gesamt-Istzufuhr		?	?	?	?	?
Gesamt-Sollzufuhr (Gesamtenergiebedarf)		?	?	?	?	?

5 Bewertet in der Klasse den Speiseplan von Susanne unter folgenden Kriterien:
- Umsetzbarkeit im Alltag
- Deckung der Bedarfsmenge
- Inhaltsstoffe der Lebensmittel
- Grundsätze einer vollwertigen Ernährung

6 Erstellt in Partnerarbeit einen alternativen Speiseplan, bei dem die Grundsätze einer vollwertigen Ernährung berücksichtigt werden.

2

2.6 Ernährungsempfehlungen

Nahrungsmittel
Seite 44

Essen und Trinken ist ein lebensnotwendiger Bestandteil, um uns geistig und körperlich fit zu halten. Gleichzeitig ist Essen und Trinken aber auch Genuss, Spaß und Teil unserer Lebensqualität. Speisen sollen schmackhaft, nährstoffschonend und appetitlich zubereitet sein.

Man kann Lebensmittel in **Nahrungsmittel** und **Genussmittel** einteilen. Nahrungsmittel sind pflanzlichen oder tierischen Ursprungs und versorgen uns mit wichtigen Nährstoffen. Genussmittel enthalten Stoffe, die eine anregende Wirkung auf den Körper haben, wie z. B. Kaffee oder Alkohol.

DGE
Seite 167

Vollwertig essen und trinken nach den 10 Regeln der DGE

1. **Vielseitig essen**
   Genießen Sie die Lebensmittelvielfalt. Merkmale einer ausgewogenen Ernährung sind abwechslungsreiche Auswahl, geeignete Kombinationen und angemessene Menge nährstoffreicher und energiearmer Lebensmittel.

2. **Reichlich Getreideprodukte – und Kartoffeln**
   Brot, Nudeln, Reis, Getreideflocken, am besten aus Vollkorn, sowie Kartoffeln enthalten kaum Fett, aber reichlich Vitamine, Mineralstoffe sowie Ballaststoffe und sekundäre Pflanzenstoffe. Verzehren sie diese Lebensmittel mit möglichst fettarmen Zutaten.

3. **Gemüse und Obst – Nimm „5 am Tag"...**
   Genießen Sie die 5 Portionen Gemüse und Obst am Tag, möglichst frisch, nur kurz gegart oder auch 1 Portion als Saft – idealerweise zu jeder Hauptmahlzeit und auch als Zwischenmahlzeit: Damit werden Sie reichlich mit Vitaminen, Mineralstoffen sowie Ballaststoffen und sekundären Pflanzenstoffen (z. B. Carotinoiden, Flavonoiden) versorgt. Das Beste, was Sie für Ihre Gesundheit tun können.

4. **Täglich Milch und Milchprodukte; ein- bis zweimal in der Woche Fisch; Fleisch, Wurstwaren sowie Eier in Maßen**
   Diese Lebensmittel enthalten wertvolle Nährstoffe, wie z. B. Calcium in Milch, Jod, Selen und Omega-3-Fettsäuren in Seefisch. Fleisch ist Lieferant von Mineralstoffen und Vitaminen (B_1, B_6 und B_{12}). Mehr als 300–600 Gramm Fleisch und Wurst pro Woche sollten es nicht sein. Bevorzugen Sie fettarme Produkte, vor allem bei Fleischerzeugnissen und Milchprodukten.

5. **Wenig Fett und fettreiche Lebensmittel**
   Fett liefert lebensnotwendige (essenzielle) Fettsäuren und fetthaltige Lebensmittel enthalten auch fettlösliche Vitamine. Fett ist besonders energiereich, daher kann zu viel Nahrungsfett Übergewicht fördern. Zu viele gesättigte Fettsäuren erhöhen das Risiko für Fettstoffwechselstörungen, mit der möglichen Folge von Herz-Kreislauf-Krankheiten. Bevorzugen Sie pflanzliche Öle und Fette (z. B. Raps- und Sojaöl und daraus hergestellte Streichfette). Achten Sie auf unsichtbares Fett, das in Fleischerzeugnissen, Milchprodukten, Gebäck und Süßwaren sowie in Fast-Food- und Fertigprodukten meist enthalten ist. Insgesamt 60–80 Gramm Fett pro Tag reichen aus.

❶ Beschreibe die 10 Regeln der DGE mit eigenen Worten.

❷ Überlege, welche Regeln du schon regelmäßig einhälst.

❸ Formuliere in Partnerarbeit unter Berücksichtigung der Empfehlungen der DGE Tipps für Tatjana. Worauf sollte sie in ihrem Alltag achten M13?

❹ Vergleicht eure Ergebnisse im Klassenverband.

6. **Zucker und Salz in Maßen**
Verzehren Sie Zucker und Lebensmittel bzw. Getränke, die mit verschiedenen Zuckerarten (z. B. Glucosesirup) hergestellt wurden, nur gelegentlich. Würzen Sie kreativ mit Kräutern und Gewürzen und wenig Salz. Verwenden Sie Salz mit Jod und Fluorid.

7. **Reichlich Flüssigkeit**
Wasser ist absolut lebensnotwendig. Trinken Sie rund 1,5 Liter Flüssigkeit jeden Tag. Bevorzugen Sie Wasser – ohne oder mit Kohlensäure – und andere kalorienarme Getränke. Alkoholische Getränke sollten nur gelegentlich und nur in kleinen Mengen konsumiert werden.

8. **Schmackhaft und schonend zubereiten**
Garen Sie die jeweiligen Speisen bei möglichst niedrigen Temperaturen, soweit es geht kurz, mit wenig Wasser und wenig Fett – das erhält den natürlichen Geschmack, schont die Nährstoffe und verhindert die Bildung schädlicher Verbindungen.

9. **Sich Zeit nehmen und genießen**
Bewusstes Essen hilft, richtig zu essen. Auch das Auge isst mit. Lassen Sie sich Zeit beim Essen. Das macht Spaß, regt an, vielseitig zuzugreifen, und fördert das Sättigungsempfinden.

10. **Auf das Gewicht achten und in Bewegung bleiben**
Ausgewogene Ernährung, viel körperliche Bewegung und Sport (30 bis 60 Minuten pro Tag) gehören zusammen. Mit dem richtigen Körpergewicht fühlen Sie sich wohl und fördern Ihre Gesundheit.

M13 Ernährungsumstellung gewünscht

Ernährungsumstellung gewünscht

Tatjana, 14 Jahre, liest die 10 Ernährungsregeln der DGE und möchte ihr Leben etwas umstellen. Sie treibt keinen Sport, außer in der Schule. Durch die Berufstätigkeit beider Eltern wird zu Hause nur das Abendessen zusammen eingenommen. Frühstück und Mittagessen macht sich Tatjana selbst und achtet dabei darauf, dass die Zubereitung nicht viel Zeit in Anspruch nimmt. Da reichen oft eine Tiefkühlpizza oder ein Käsebrot. In letzter Zeit stellt Tatjana fest, dass sie stetig etwas an Gewicht zugelegt hat.

5 Reflektiert euer eigenes Essverhalten im Hinblick auf die Regeln der DGE. Formuliert Tipps für eine Ernährung, die euch fit macht.

2 Methode

Essprotokoll

Du hast in diesem Kapitel bereits viel über Nährstoffe und Ernährung gelernt. Aber alles Wissen nützt nur, wenn du es auch anwenden kannst.

Überprüfe dein Essverhalten. Heutzutage gibt es viele Möglichkeiten, den spontanen Hunger zu stillen, z. B. in Fast-Food-Lokalen oder Imbissbuden. Ungünstige Ernährungsgewohnheiten können sich langsam einschleichen und später zur Gewohnheit werden. Mit einem Essprotokoll kannst du ihnen auf die Spur kommen.

So geht's:

Planung

1. Überlegt euch in der Klasse, wie eine Tabelle aussehen könnte, die eure Essgewohnheiten dokumentieren soll.
   Beispiel:

Essprotokoll	**Speisen (Menge)**	**Getränke (Menge)**
Frühstück		
Zwischenmahlzeit		
Mittagessen		
Zwischenmahlzeit		
Abendessen		
Sonstiges		

2. Legt gemeinsam fest, wie lange ihr euer Protokoll führen wollt (1 Tag, 1 Woche).

Durchführung

3. Schreibt bei den Lebensmittelangaben möglichst genau die Mengen auf, z. B. Roggenmischbrot (eine Scheibe) oder Limonade (1 Glas = 200 ml).
4. Werte dein Essprotokoll aus.

Reflexion

5. Diskutiert darüber, was euch aufgefallen ist.
6. Vergleicht mit den Regeln der DGE.
   Schreibt einen Merkzettel mit Tipps für euer zukünftiges Essverhalten.

Beispiel: Essprotokoll von Peter, 15 Jahre, 73 kg und 155 cm groß

Essprotokoll	Speisen (Menge)	Getränke (Menge)
1. Frühstück	2 Brötchen mit Nuss-Nugat-Creme	Kakao (2 Tassen 400 ml)
Zwischen-mahlzeit	–	–
Mittagessen	Hähnchen mit Pommes frites, Schokopudding (jeweils 1 Portion)	Eistee (250 ml)
Zwischen-mahlzeit	Chips (1 Tüte)	
Abendessen	Brote mit Wurstbelag (je 4 Scheiben)	Limonade (2 Gläser 400 ml)
Sonstiges	Schokolade (1 Tafel) Gummibärchen (150 g)	

Beispiel: Merkzettel

Merkzettel von: Peter

1. Mehr Obst und Gemüse (mindestens 5 Portionen am Tag)
2. Trinken nicht vergessen (Wasser!)
3. Mehr Ballaststoffe essen, die machen länger satt.
4. ...

2

2.7 Überprüfe dich selbst

Seite 44

❶ Welche Nährstoffgruppen hast du in diesem Kapitel kennengelernt? Nenne sie.

Seite 45

❷ Nenne Beispiele für die Aufgaben des Eiweißes im Körper.

M14 Energiebedarf

Seite 50–51

❸ Bei welcher Tätigkeit haben die beiden Personen auf M14 den höheren Energiebedarf? Begründe.

Seite 51

❹ Worin unterscheiden sich Grundumsatz und Leistungsumsatz der menschlichen Energie?

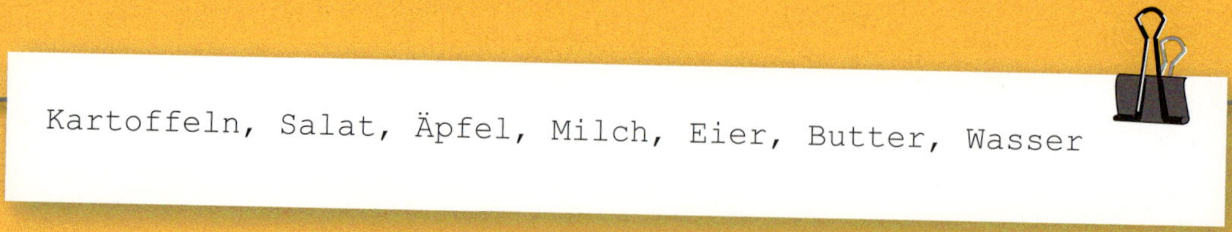

Seite 54

❺ Sortiere die Lebensmittel wie in der Ernährungspyramide. Denke daran: Je weiter unten ein Lebensmittel steht, desto öfter sollte es verzehrt werden.

6 Beschreibe die Grundsätze einer vollwertigen Ernährung mit eigenen Worten. Seite 56

7 Nenne mindestens fünf Regeln der DGE. Seite 58 – 59

8 Wie kannst du deine Ernährung im Alltag in Richtung einer vollwertigen Ernährung umstellen? Nenne drei Beispiele. Seite 56 – 57

9 Begründe, warum Bewegung gut und wichtig ist. Gib drei Tipps, wie du täglich mehr Bewegung in deinen (Schul-)Alltag einbauen kannst. Seite 51

Wichtige Begriffe aus dem Kapitel:

- Nährstoffe
- Leistungsumsatz
- Kilojoule
- vollwertige Ernährung
- Lebensmittelgruppen
- Tagesleistungskurve
- abwechslungsreiche Ernährung
- versteckte Fette

Tauscht euch aus:

- Was fandest du besonders interessant? Gestalte eine Mind-Map mit Themen aus dem Kapitel, die du für dich wichtig findest.
- Hat der Inhalt des Kapitels Auswirkungen auf dein Essverhalten? Nenne Beispiele.
- Wie könntest du mehr Bewegung und Sport in deinen Alltag einplanen?

3 Lebensmittelqualität und Konsumverhalten

Online-Link
006575-0065

Wusstest du schon, dass ...

- Erdbeeraroma aus Schimmelpilzen gewonnen wird?
- Analogkäse kein Käse ist?
- künstliche Aromen auch aus Sägespänen hergestellt werden?
- Glutamat in Parmesan von Natur aus vorhanden ist?
- im Eigelb am meisten Eiweiß enthalten ist?

Das lernst du in diesem Kapitel:

- Vorräte zu lagern – aber richtig
- Konservierungsstoffe zu entdecken
- Hygiene bei Lebensmitteln einzuhalten
- was Lebensmittelkennzeichnungen bedeuten
- wie Stiftung Warentest und Öko-Test vorgehen

Ideen für Projekte

- Erstellt selbst Konfitüre oder Marmelade, z.B. für ein Schulfest.
- Besichtigt einen Biobauernhof oder einen Lebensmittel verarbeitenden Betrieb.
- Pflanztag: Züchtet verschiedene Kräuter in Kräutertöpfen für die Fensterbank. Schreibt Steckbriefe: Geschmack? Verarbeitung? Für welche Gerichte eignen sich die Kräuter?
- Plant und führt eine Befragung im Supermarkt durch zum Thema: Kaufverhalten von Kunden. (Vorher im Supermarkt Genehmigung einholen!)

3

3.1 Lagerung von Lebensmitteln

Vorratshaltung

Alle Lebensmittel, die du im Supermarkt außerhalb der Kühlräume findest, gehören zu den Trockenvorräten.

Glossar
Seite 168ff.

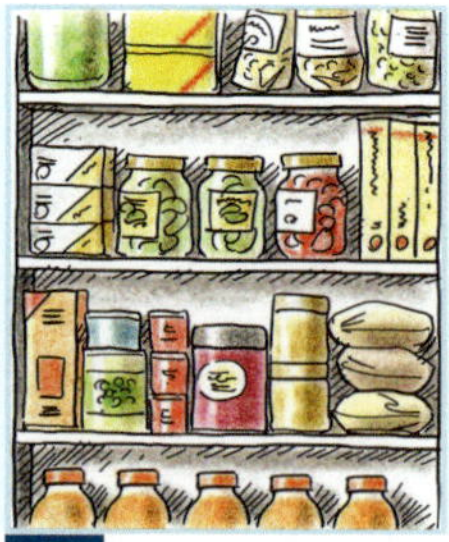

M1 Trockenvorräte und Konserven

Tipp:
Kartoffeln bilden bei Lichteinfall grüne Stellen. Diese enthalten das giftige *Solanin*. Schneide grüne Karoffelteile, Triebe und Augen vor der Verarbeitung der Kartoffeln weg.

M2 Frischvorräte für Kühlschrank (Gemüsefach) oder Keller

Tipp:
Feuchte Lebensmittel klumpen und schimmeln. Lagere nur saubere und unversehrte Originalpackungen ein oder fülle die Lebensmittel in gut schließende Behälter um.

Ein sinnvoller Vorrat an Lebensmitteln ist wichtig, wenn man gerade keine Möglichkeit zum Einkaufen hat. Durch eine sachgerechte Lagerung bleibt die Qualität der Lebensmittel vom Einkauf bis zum Verbrauch bestmöglich erhalten. Bei unsachgemäßer Lagerung verlieren Lebensmittel an Qualität bzw. verderben schneller. Ein gut durchdachter Vorrat an Lebensmitteln spart demnach Zeit und Geld.

Die Lagerbedingungen für verpackte Lebensmittel stehen auf der Verpackung. Vor allem die Lagertemperatur und die hygienischen Bedingungen müssen bei der Lagerung stimmen.

Glossar
Seite 168ff.

Achtung Kontrolliere regelmäßig deine Lebensmittel und das ***Mindesthaltbarkeitsdatum*** (MHD). Beim Einräumen von Vorräten sollten die Waren mit kürzester Haltbarkeit zuerst verbraucht werden. Sortiere sie daher nach vorne und neue Lebensmittel nach hinten.

Trockenvorräte und Konserven

Aufbewahrung:
- Vorratsschrank oder Speisekammer

Temperatur:
- ca. 15 °C, trocken und dunkel

Frischvorräte

Aufbewahrung:
- Gemüsefach im Kühlschrank oder Keller
- Gemüse und Obst möglichst bald verbrauchen

Temperatur:
- ca. 6–10 °C, trocken und dunkel

Tiefkühlware (TK-Ware)

Aufbewahrung:
- Gefrierschrank oder -fach
- TK-Ware möglichst in Kühltasche nach Hause transportieren

Temperatur:
- mindestens −18 °C

Lebensmittel
Seite 167

1. Zählt Möglichkeiten zur Lagerung von Lebensmitteln auf.
2. Formuliere drei Fragen zum Text, die du einem Partner/einer Partnerin stellst.
3. Erstellt in Partnerarbeit eine Tabelle. Überlegt, wie folgende Produkte richtig gelagert werden: Eier, Äpfel, Salat, Hackfleisch, Mehl, Nudeln, Marmelade.

Produkt	Lagerung
Eier	
…	

Kühlschrank

M3 Klimazonen im Kühlschrank

Tipp:
Heiße Speisen immer abkühlen lassen und erst danach in den Kühlschrank stellen. Sonst steigt die Temperatur im Kühlschrank zu stark an.

Tipp:
Lass die Kühlschranktür nie unnötig offen stehen, sonst wird für die Kühlung unnötig viel Energie verbraucht.

Im Kühlschrank werden leicht verderbliche Lebensmittel mehrere Tage frisch gehalten.

Bei Kühlschränken mit **dynamischer Kühlung** wird die kalte Luft mit einem Ventilator gleichmäßig im Innenraum verteilt.
Dort kann man die Lebensmittel auf jede Ebene stellen.
In Kühlschränken mit **statischer Kühlung** gibt es auf jeder Ebene andere Temperaturen. Die Kälte wird an der Rückseite oder unter dem Verdampferfach erzeugt. Dadurch entstehen die verschiedenen Temperaturzonen.

Lebensmittel werden abgedeckt oder in einer geeigneten Verpackung gelagert, z. B. in wiederverwertbaren Glas- und Kunststoffbehältern. So können sie nicht so schnell austrocknen und fremde Gerüche annehmen.

Eine Ausnahme ist Obst und Gemüse im Gemüsefach, das wird nicht verpackt. An der Glasplatte kondensiert die feuchte Luft zu Wassertröpfchen. Die Tropfen halten das Gemüse feucht und frisch.

⇨ **Kühlschrankreinigung** Seite 25

4. Fragt eure Großeltern, wie früher Vorratshaltung im Haushalt betrieben wurde. Vergleicht mit eurer Situation.

5. Erläutert die Nachteile, die ihr hättet, wenn im Haushalt
   a) keine Vorräte vorhanden sind,
   b) wenn zu viele Vorräte vorhanden sind.

6. Stellt euch vor, ihr seid durch einen Schneesturm von der Außenwelt abgeschnitten. Diskutiert und begründet, welche Vorräte zu einem Grundvorrat gehören, mit dem ihr mühelos ein paar Tage überbrücken könnt. Stellt eine Liste zusammen.

3 Methode

Sensorische Wahrnehmung

Glossar
Seite 168 ff.

M4 Kräuter – zum Würzen und Garnieren

Fordere deine Sinne!
Bei der *sensorischen Wahrnehmung* spielen deine Sinne die Hauptrolle. Beim Essen beispielsweise beurteilst du ein Gericht nach Aussehen, Geschmack, Konsistenz, Duft … und nutzt dafür alle deine Sinne.
Im Folgenden sollt ihr diese Sinne schärfen – vor allem den Geschmackssinn. Um Lebensmittel und Speisen anregend und abwechslungsreich zu gestalten oder bekömmlicher zu machen, sind Kräuter und Gewürze in der Küche wichtige Zutaten. Wenn möglich, sollten Kräuter frisch verwendet werden. Viele Kräuter eignen sich auch gut zum Dekorieren von Speisen. Das Auge isst schließlich mit.
Im Folgenden könnt ihr entdecken, wie Speisen mit verschiedenen Kräutern ganz unterschiedlich verfeinert werden können.

So geht's:

Planung

1. Wählt in Kleingruppen zum Beispiel eines der folgenden Gerichte aus:
   - Fisch
   - Kartoffeln mit Kräuterquark
   - Hühnchenbrustfilet
   - Bohnensuppe

Tipp:
Frische Kräuter enthalten Vitamin C. Kräuter erst kurz vor dem Verwenden waschen und zerkleinern, sonst kommt es zu Vitaminverlusten.

Rezepte
Seite 136 ff.

2. Überlegt in jeder Gruppe: Welche Kräuter könnten das Gericht geschmacklich verfeinern? Sucht Rezepte für diese Gerichte und schaut, welche Kräuter verwendet werden.

Durchführung

3. Kocht in den Kleingruppen gleiche Gerichte mit verschiedenen Kräutern.
4. Präsentiert und garniert eure Gerichte ansprechend auf dem Teller. Womit könnt ihr das Gericht garnieren?

Reflexion

5. Probiert gegenseitig eure Speisen. Tauscht euch über den Geschmack aus.

Zusatzaufgabe:
Veranstaltet eine Riechrallye: Besorgt euch verschiedene Kräuter und Gewürze. Versucht, mit verbundenen Augen durch Tasten, Riechen und Schmecken die Kräuter zu bestimmen.
Übrigens: Wenn ihr sie zwischen den Fingern zerreibt, wird ihr Aroma intensiver.

Küchenkräuter

M5 Basilikum

Basilikum sollte nicht mitgekocht werden, es schmeckt frisch am besten. Nur die Blätter werden verwendet. Typische Gerichte: Tomaten mit Mozzarella, Nudeln mit grünem Pesto.

M6 Dill

Dill lässt sich am besten frisch einsetzen.
Typische Gerichte: Fischgerichte, Kräuterbutter, Gurken.

M7 Petersilie

Petersilie ist das bekannteste Küchenkraut und sollte am besten frisch verwendet werden. Es gibt glatte und krause Petersilie. Gehackte Petersilie wird oft fertigen Gerichten zugegeben, um sie aufzuwerten.
Typische Gerichte: Kartoffeln, Suppe.

M8 Rosmarin

Rosmarin sparsam einsetzen, da es beim Kochen langsam das volle Aroma entfaltet. Rosmarin kann frisch oder getrocknet verwendet werden. Soll es in der Speise verbleiben, so sollte es sehr fein gehackt werden.
Typische Gerichte: Lamm, Huhn, Kartoffelspeisen.

M9 Schnittlauch

Schnittlauch wird in gleichmäßig feine Streifen geschnitten und immer frisch verwendet. Oft sieht man Schnittlauch auch als Dekoration auf belegten Broten oder Sandwiches.
Typische Gerichte: pikanter Quark, Salat.

M10 Thymian

Thymian kann frisch oder getrocknet genutzt und sollte vorsichtig dosiert werden. Die kleinen Blättchen werden vom Strunk abgestreift und mitgegart.
Typische Gerichte: Fleischgerichte, Eintopfgerichte.

3

3.2 Kühlkette

Tiefkühlprodukte

Glossar
Seite 168 ff.

Tipp:
Beim Einkauf auf das Mindesthaltbarkeitsdatum und eine unbeschädigte Packung achten.

Die Lebensmittelindustrie bietet viele Lebensmittel als ***Tiefkühlprodukte*** an. Die Einhaltung der ***Kühlkette*** ist wichtig für die gleichbleibende Qualität der Lebensmittel. Die Temperatur darf an keiner Stelle −18 °C überschreiten.

Glossar
Seite 168 ff.

Erzeuger/Anbauer	• Ernte auf dem Feld • Transport zur Fabrik	
Konservierungsverfahren im Verarbeitungsbetrieb	• Gefrierfertige Vorbereitung • Verpackung in Pappschachteln oder Folienbeutel • Schockgefrieren bei −40 °C	
Großhandel	• Anlieferung der Packungen im Tiefkühltransporter • Lagerung bis zu −30 °C	
Einzelhandel (z. B. Supermarkt)	• Anlieferung im Kühlwagen • Lagerung in der Tiefkühltruhe bei −18 °C (*Stapelmarkierung*) • Transport durch den Verbraucher (möglichst in der Kühltasche) zur Kasse	 
Privathaushalt	• Transport der *TK-Ware* in der Kühltasche nach Hause (Endverbraucher) • Lagerung im Gefrierschrank bei −18 °C	

M11 Kühlkette

Tipp:
Lebensmittel – vor allem tiefgekühltes Obst – langsam im Kühlschrank auftauen. Das schützt vor Flüssigkeitsverlust und erhält die Form. Fisch und Fleisch in einer Edelstahlschüssel mit Siebeinsatz auftauen. Die Auftauflüssigkeit unbedingt entsorgen.

1. Beschreibe den Weg des Spinates von der Ernte auf dem Feld bis zum Endverbraucher.
2. Notiere, welche Tiefkühlprodukte du kaufst. Überlege, was Vor- und Nachteile dieser Produkte sind.
3. Einige dich in Partnerarbeit auf 6 Produkte. Erstellt eine Tabelle und tragt sie dort in die linke Spalte ein. Erkundigt euch in einem Supermarkt nach den Preisen für die TK-Produkte und die gleiche Menge frischer Lebensmittel. Ergänzt die Tabelle mit euren Angaben.

Produkte	Preis TK	Preis „frisch"
Möhren		
…		

M12 Sachgerechter Einkauf von Tiefkühlprodukten?

M13 Kühlschrank mit Tiefkühlfach

Damit deine Tiefkühlware Vitamine, Nährstoffe, Geschmack, Aussehen sowie Konsistenz behält und nicht verdirbt, solltest du die Kühlkette unbedingt einhalten. Aufgetaute Lebensmittel müssen verarbei tet und sollten nicht wieder eingefroren werden.

Selbst tiefkühlen

Du kannst auch selbst frische Lebensmittel oder selbst gekochte Speisen einfrieren. So hast du etwas auf Vorrat im Tiefkühlfach und musst keine Speisen wegwerfen.

Achtung Nicht alle Lebensmittel eignen sich zum Einfrieren. Ungeeignet sind zum Beispiel Salate, Gurken, Radieschen, Weintrauben und einige Milchprodukte.

Verpackungen für Tiefkühlkost

Lebensmittel immer möglichst flach verpacken, um ***Gefrierbrand*** zu verhindern und ein rasches Durchfrieren und Auftauen zu ermöglichen.

Glossar
Seite 168 ff.

Als Verpackungen eignen sich Gefrierbeutel und gefriergeeignete Behälter wie Dosen aus elastischem Material. Sie müssen lebensmittelecht sein und großen Temperaturschwankungen standhalten. Gut sind eckige Gefrierbehälter, da sie optimal und platzsparend gestapelt werden können. Nach der Befüllung ist es wichtig, die Luft aus den Beuteln oder Behältern zu drücken und sie mit einem Clip oder Deckel luftdicht zu verschließen.

4 Vergleicht eure Informationen. Formuliert gemeinsam mindestens 2 Sätze, die das Ergebnis zusammenfassen.

5 Beschreibe und bewerte die Szene auf M12.

6 Veranstaltet ein Testessen. Wählt dazu ein TK-Produkt und ein passendes frisches Produkt aus. Einigt euch auf Kriterien, die ihr überprüfen wollt.

7 Stellt eure Ergebnisse vor.

8 Informiere dich anhand der Gebrauchsanleitung eures Tiefkühlschranks M13, wie und wie oft er abgetaut und gereinigt werden sollte.

Mögliche Kriterien:
- Geschmack
- Aufwand
- Kosten
- …

3

3.3 Konservierungsmethoden

M14 Sterilisieren

M15 Trocknen

M16 Tiefgefrieren

Glossar
Seite 168 ff.

Hygiene
Seite 10

Mit verschiedenen *Konservierung*smethoden können Lebensmittel haltbar gemacht werden. Nur frische und einwandfreie Lebensmittel eignen sich zur Haltbarmachung. Dabei sind die grundlegenden hygienischen Grundsätze zu beachten. Des Weiteren müssen die konservierten Lebensmittel richtig verpackt und beschriftet werden.

Beispiele für physikalische Verfahren:

- **Sterilisieren (Einkochen) M14:**
  Haltbarmachen durch Erhitzen bei 100 °C (oder Ultrahocherhitzen 3 Sekunden bei 150 °C). Oft werden Zucker oder Essig hinzugefügt. Mikroorganismen werden abgetötet und eine langfristige Lagerung wird möglich.
- **Trocknen (Dörren) M15:**
  Den Produkten wird durch das Trocknen, z. B. mehrere Stunden im Backofen bei 75 °C, die Feuchtigkeit entzogen. So werden sie langfristig haltbar gemacht.
  In der Industrie werden spezielle elektrische Dörrgeräte verwendet.
- **Tiefgefrieren M16:**
  Rascher Wärmeentzug mittels Schockfrosten bei −40 °C. Das Tiefgefrieren von Lebensmitteln ermöglicht eine mittel- bis langfristige Lagerung.

Beispiele für chemische Verfahren:

- **Einsalzen (Pökeln) M17:**
  Salz entzieht dem Lebensmittel Wasser und macht es so länger haltbar.

Rezepte
Seite 149

Glossar
Seite 168 ff.

1. Nenne zu jeder Konservierungsmethode mindestens ein Produktbeispiel.
2. Stelle aus Früchten der Saison eine Marmelade oder *Konfitüre* her. Welche Konservierungsmethode wendest du an?
3. Kaufe eine ähnliche Konfitüre im Supermarkt. Vergleiche Preis, Zeitaufwand, Aussehen und Geschmack.

Marmelade/ Konfitüre	Preis	Zeit	Aus-sehen	Ge-schmack
selbst gemacht				
gekauft (preiswert)				
gekauft (teuer)				

M17 Einsalzen

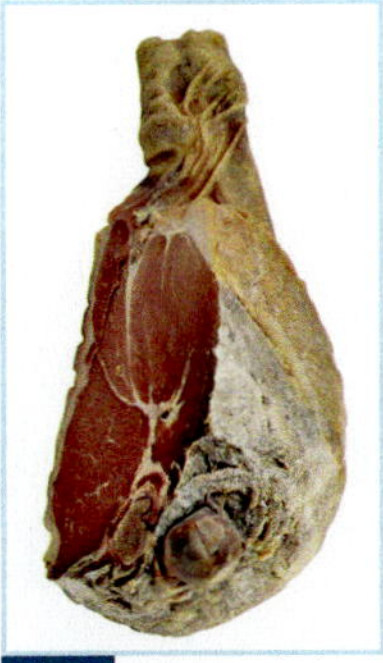

M18 Räuchern

M19 Säuern

M20 Einlegen in Flüssigkeiten

- **Räuchern M18:**
  Beim Räuchern werden Produkte getrocknet und konserviert und erhalten einen Rauchgeschmack.

- **Säuern/Milchsäuregärung M19:**
  Den Produkten werden Essigsäure, Fruchtsäure oder Milchsäurebakterien zugesetzt, z. B. bei Milchprodukten (Joghurt, Käse) oder bei Gemüse (Sauerkraut).

- **Einlegen in Flüssigkeiten M20:**
  Folgende Flüssigkeiten konservieren Lebensmittel: Alkohol, Zuckerlösungen, (Essig-)Salzlösungen, Öl.

In der Lebensmittelindustrie werden chemische ***Konservierungsstoffe*** eingesetzt, z. B. Sorbinsäure. Achte bei Fertigprodukten immer auf die Zutatenliste. Die Nummern E 200 bis E 299 stehen für Konservierungsmittel.

Glossar
Seite 168 ff.

M21 Konservierungsstoffe

4. Suche auf verpackten Lebensmitteln nach Konservierungsstoffen. Informiere dich im Internet über diese Konservierungsstoffe.

5. Stellt einige Lebensmittel mit den Konservierungstoffen in der Klasse vor. Erklärt ihre Wirkung.

Zusatzstoffe
Seite 167

3

3.4 Lebensmittelinfektionen und Schimmelpilze

Lebensmittelverderb

M22 Gefahren bei der Lebensmittelzubereitung

Mikroorganismen, z. B. Bakterien, Hefen, Viren und Schimmelpilze, sind Kleinstlebewesen, die mit dem bloßen Auge nicht zu erkennen sind. Es gibt sie überall und teilweise sind sie sogar nützlich. Allerdings können sie sich unter bestimmten Bedingungen, z. B. bei falscher Lagerung der Lebensmittel, rasant vermehren und die Gesundheit des Menschen gefährden. Verdorbene Lebensmittel dürfen auf keinen Fall verzehrt werden. Bei Auffälligkeiten hinsichtlich Geruch, Aussehen, Konsistenz oder Schimmelbefall müssen Lebensmittel umgehend entsorgt werden.

Glossar
Seite 168 ff.

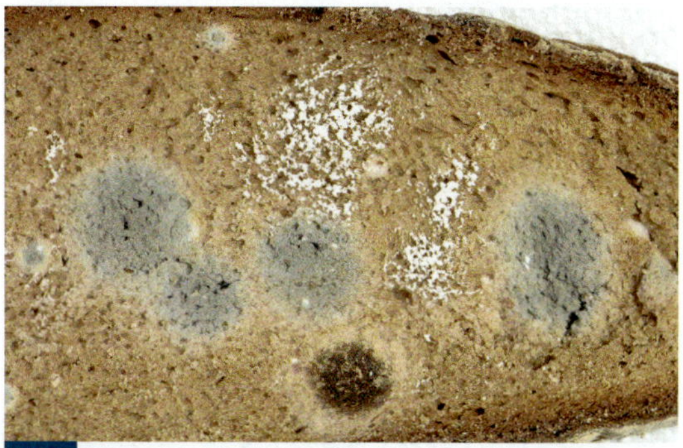

M23 Verschimmeltes Brot

Achtung Gesundheitsgefahren

- Milch- und Milchprodukte können **sauer** werden.
- Obst, Gemüse und Kartoffeln können **faulen**.
- Auf eiweißhaltigen (z. B. Fisch, Fleisch, Eier) oder kohlenhydratreichen Lebensmitteln (z. B. Brot, Backwaren) können sich ***Schimmelpilze*** bilden.
- Durch Hefen können Fruchtsäfte, Obstkuchen und auch Konfitüren **gären**.
- Das **Ranzigwerden** wird bei fetthaltigen Lebensmitteln (z. B. Butter, Öle, Nüsse, Schokolade) durch Bakterien verursacht.
- Eine Lebensmittelvergiftung kann z. B. durch ***Salmonellen*** M24 entstehen. Sie kommen im Dickdarm von Tieren vor, daher auch in Fleisch, Geflügel und Eiern. Diese Lebensmittel sind daher unbedingt gut zu kühlen bzw. durchzugaren. Eine Erkrankung äußert sich beim Menschen durch Fieber, Schmerzen, Durchfall, Übelkeit und Erbrechen. Sie ist meldepflichtig.

1. Beschreibe die Abbildung M22. Wo liegen hier die Gefahren?
2. Lies den Text im gelben Kasten. Führe das Gespräch von Tim und Lisa weiter. Was erklärt Tim zur Lebensmittelhygiene?
3. Suche in Kapitel 1 nach Hygienemaßnahmen, die einen Lebensmittelverderb verhindern. Notiere sie und ergänze sie mit Informationen von diesen Seiten und eigenen Vorschlägen.

Hygienemaßnahmen

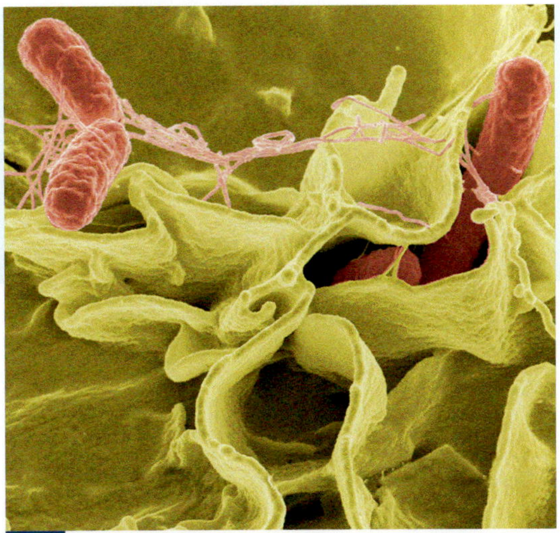

M24 Salmonellen

Lebensmittelvergiftung vorbeugen

Um einem verdorbenem Magen oder sogar einer Lebensmittelvergiftung vorzubeugen, musst du bei der Lebensmittelverarbeitung Folgendes beachten:

- Lebensmittel, die roh verzehrt werden, nicht mit Geflügel, Fleisch, Fisch und rohen Eiern auf einer Arbeitsfläche verarbeiten. Salmonellengefahr!
- Rohes Hackfleisch noch am Einkaufstag verarbeiten.
- Zubereitete Lebensmittel, besonders mit rohen Eiern, sofort wieder kühlen. Nicht in der Küche stehen lassen.
- Hygiene beachten: Arbeitsgeräte und Arbeitsplatten auch zwischendurch mit heißem Wasser reinigen.
- Lebensmittelabfälle immer gleich entsorgen.
- Lebensmittel stets richtig durchgaren, insbesondere Geflügel, Fleisch- und Eierspeisen.

Lebensmittelzubereitung

In der Schulküche stehen heute Putenschnitzel mit Reis und Möhrenrohkost auf dem Speiseplan.
Lisa und Tim stehen vor ihrem Arbeitsbereich und unterhalten sich über die Zubereitung.

Tim: Wir sollten Salat und Schnitzel getrennt zubereiten.

Lisa: Warum?

Tim: …

4 Erstellt in Kleingruppen ein Plakat mithilfe eurer Notizen von Aufgabe 3.

5 Präsentiert eure Plakate. Wählt eines aus und übertragt die Inhalte in eure Mappe.

6 Informiere dich über Bakterien, Hefen und Schimmelpilze, die in der Lebensmittelindustrie eingesetzt werden, z. B. bei Bier und Käse.

Hygiene
Seite 10

3

3.5 Verarbeitung von Lebensmitteln

Vier Verarbeitungsstufen

M25 Küchenfertige Lebensmittel

M26 Garfertige Lebensmittel

Glossar
Seite 168 ff.

Lebensmittel frisch zu verarbeiten, ist die beste Methode, um deren Nährstoffgehalt zu sichern. Auf der anderen Seite bietet die Lebensmittelindustrie Lebensmittel in vielen Verarbeitungsstufen an, um Mahlzeiten bequem und zeitsparend zuzubereiten. Der Begriff ***Convenience Food*** steht für die verschiedenen Verarbeitungsstufen.

- **Küchenfertig** M25:
  Lebensmittel müssen vor dem Garen noch vorbereitet werden, das heißt, man muss sie z. B. noch
  - putzen
  - waschen
  - mischen
  - ausnehmen

- **Garfertig** M26:
  Lebensmittel sind teilweise bereits einmal vorgegart und müssen zu Hause nur noch kurz gegart werden, das heißt z. B.
  - kochen
  - braten
  - fritieren
  - backen

1. Erkläre einem Partner/einer Partnerin mit eigenen Worten, was Convenience Food ist.
2. Wähle eine der vier Verarbeitungsstufen aus. Schreibe mindestens fünf Produktbeispiele dazu auf.
3. Bildet zu jeder Verarbeitungsstufe eine Gruppe und erstellt eine Collage aus Werbematerial oder leeren Verpackungen.
4. Stellt eure Ergebnisse der Klasse vor und begründet, welche Vorteile eure Produkte für die Kunden haben.

M27 Zubereitfertige Lebensmittel

M28 Verzehrfertige Lebensmittel

- **Zubereitfertig** **M27**:
  Lebensmittel, denen vor dem Garen noch Flüssigkeiten oder Zutaten hinzugefügt werden müssen. Das ist noch zu tun:
  - erwärmen
  - erwärmen mit Flüssigkeit
  - zugeben von Zutaten

- **Verzehrfertig** **M28**:
  Lebensmittel, die zum sofortigen Verzehr geeignet sind. Die einzigen Arbeitsschritte sind:
  - Produkt öffnen
  - Verpackung entfernen

Tipp:
Schaue immer kritisch auf die Zutatenliste. Fertiggerichte enthalten oft viel Zucker, Salz, Geschmacksverstärker, Stabilisatoren und Konservierungsstoffe.

5 Veranstaltet ein Testessen mit einer selbst gemachten Pizza und einer Tiefkühlpizza. Vergleicht beide Gerichte unter folgenden Kriterien:
Geschmack, Farbe und Konsistenz, Zusatzstoffe, Zeitaufwand, Arbeitsaufwand (Spülarbeit), Preis, Umweltfreundlichkeit.

6 Diskutiert:
- Wann würdet ihr eine Pizza selbst machen?
- Wann würdet ihr eine Fertigpizza kaufen?

Rezepte
Seite 150

Methode

Erkundung eines Supermarktes

M29 Nudeln

Vergleich vorgefertigter Lebensmittel

Das Angebot an Convenience Food ist riesig.
Das große Lebensmittelangebot von Convenience Food kannst du unter **verschiedenen Kriterien** vergleichen.

Für einen **preisbewussten Einkauf** kannst du den Preis im Verhältnis zur Menge genau unter die Lupe nehmen.

So geht's:

Planung

1. Entscheide dich für ein Lebensmittel, bei dem du einen Preisvergleich vornehmen möchtest, z. B. Nudeln.

2. Lege eine Tabelle mit fünf Spalten an.

Name des Supermarktes: ______________________

Artikel				
Menge/Preis				
Preis pro 100 g				

Tipp:
Schreibe die Tabelle auf eine Overheadfolie.
So kannst du später deine Präsentation mit dem Overheadprojektor vornehmen.

Durchführung

3. Suche im Supermarkt Markenprodukte und günstige Produkte heraus. Trage sie in die Tabelle ein. Die Angaben für den Preis pro 100 g findest du auf dem Preisschildchen.

4. Notiere dir auf einen Zettel Stichworte zur Präsentation des Produktes im Supermarkt (Anordnung auf welcher Höhe, Werbung ...).

5. Notiere dir auf einem anderen Zettel, was dir an dem Produkt selbst auffällt (Verpackung, Zusatzstoffe ...).

Beispiel:

Name des Supermarktes: Einkaufsparadies

Artikel	Spitzen-Spiralnudeln	Rollis Spiralos	Bio-Spirellis	…
Menge/Preis	500 g/1,39 €	500 g/0,69 €		
Preis pro 100 g	0,28 €	0,14 €		

Reflexion

6 Präsentiere deinen Mitschülern und Mitschülerinnen deine Tabelle. Stelle ihnen vor, in welcher Preisspanne dein Produkt angeboten wird. Welches ist das günstigste Produkt? Welches das teuerste?

7 Berichte von deinen Notizen: Was ist dir aufgefallen?

8 Erkläre, für welches Produkt du dich entscheiden würdest. Begründe.

Tipps für planvolles Einkaufen:
- Schreibe einen Einkaufszettel. Notiere die benötigte Menge zu den Produkten.
- Kaufe nur die Produkte, die auf dem Zettel stehen.
- Vergleiche die Preise im Supermarkt. Dabei hilft dir auch das Preisschild mit den Angaben des Preises pro 100 g.
- Kaufe Produkte aus der Region.
- Kaufe Obst und Gemüse nach Saison.
- Vermeide Verpackungsmüll.

Zusatzaufgaben:

1 Was wird als Sonderangebot angeboten? Sind es wirklich Sonderangebote?

2 Überlege, warum preisgünstigere Lebensmittel oft unten im Regal liegen.

3 Sammle Werbeslogans. Was versprechen sie? Kannst du den Wahrheitsgehalt der Aussagen überprüfen?

3

3.6 Kennzeichnung von Lebensmitteln

Gesetzliche und freiwillige Warenkennzeichnung

M30 Größen- und Preisunterschiede

aid
Seite 167

Das Lebensmittel- und Bedarfsgegenständegesetz soll dich vor gesundheitlichen Schäden, Täuschung und vor Irreführung schützen. Zu diesem Gesetz gibt es viele Verordnungen. Eine ist die Lebensmittel-Kennzeichnungs-Verordnung. Sie ist für den Verbraucher eine wichtige Orientierungs- und Entscheidungshilfe beim Einkauf.

Vorgeschriebene Angaben, die auf jeder Verpackung stehen müssen, sind:

- Verkehrsbezeichnung (= Name oder Beschreibung des Erzeugnisses)
- Mengenangabe
- Zutatenverzeichnis (mit prozentualen Mengenangaben, gegebenenfalls mit gesonderten Angaben zum Alkoholgehalt)
- Kennzeichnung von Zusatzstoffen (gegebenenfalls Infos für Allergiker)
- Mindesthaltbarkeitsdatum (MHD) und Lagerbedingungen
- Name des Herstellers oder Abfüllers mit Adresse
- Preis

Mithilfe dieser Angaben kannst du die Produkte untereinander vergleichen, z. B. im Hinblick auf die Zutaten oder die Füllmengen. Neben den gesetzlich vorgeschriebenen Daten gibt es auch freiwillige Angaben, damit du dich als Verbraucher über Qualität und Beschaffenheit der Produkte informieren kannst.

Glossar
Seite 168 ff.

Tipp:
Bei verpacktem Obst und Gemüse stehen alle Angaben auf der Verpackung. Bei Kartoffeln ist zusätzlich der *Kochtyp* angegeben.

1. Vergleiche im Supermarkt Großpackungen mit kleinen Packungen M30. Welche Angabe hilft dir beim Preisvergleich?
2. Kauft Naturjoghurt in verschiedenen Größen in eurem Supermarkt oder bringt leere und gespülte Joghurtbecher von zu Hause mit.
3. Legt in einer Kleingruppe eine Tabelle mit Preis und Inhaltsmenge der Becher an.
4. Überlegt, wie ihr die Preise miteinander vergleichen könnt. Stellt euer Ergebnis den anderen Gruppen vor.
5. Sucht euch einen Joghurtbecher aus und zeigt euch in Partnerarbeit die verschiedenen vorgeschriebenen Angaben.
6. Stelle ein Etikett für einen von dir zubereiteten Früchtejoghurt her.

EU-Qualitätsnormen: Güte- und Handelsklassen

M31 Handelsklassen

M32 Güteklassen

Für Obst und Gemüse sind Handelsklassen vorgeschrieben M31. Die Klassen werden nach dem Aussehen vergeben. Bei loser Ware ist neben der Handelsklasse das Erzeugerland sowie die Behandlung mit Zusatzstoffen auf Schildern kenntlich zu machen.

Handelsklasse Extra	– beste Qualität
Handelsklasse I	– sehr gute Qualität
Handelsklasse II	– mittlere Qualität, kleiner Fehler
Handelsklasse III	– fehlerhafte Ware

Tipp:
Um herauszufinden, wie frisch ein Ei ist, kann man es in ein Glas kaltes Wasser legen. Hebt es sich vom Boden ab oder schwimmt es sogar oben, dann ist es ein älteres Ei. Ein frisches Ei bleibt unten.

In der Eierverordnung (EU-Norm) sind die Gewichts- und Güteklassen festgelegt M32. Bestimmte Angaben müssen auf dem Eierkarton bzw. auf dem Ei selbst vermerkt werden.

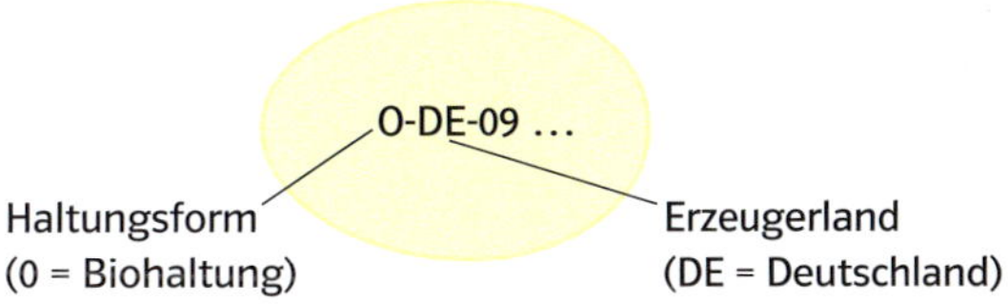

Eier werden nach Gewichtsklassen sortiert:

S	M	L	XL
unter 53 g	53–63 g	63–73 g	über 73 g

7 Was ist für dich beim Kauf eines Apfels wichtig? Stellt in Partnerarbeit Kriterien für eine Kaufentscheidung zusammen.

8 Schau dir M31 an. Welche Äpfel würdest du für Apfelmus, für ein Büfett oder als Pausenmahlzeit kaufen? Hilft dir die Auszeichnung auf den Apfelkisten bei deiner Wahl?

9 Schau dir eine Eierverpackung und die Angaben auf den Eiern an (Beispiel M32). Welche Informationen erhältst du? Erkundige dich, was die dir unbekannten Zahlen und Abkürzungen bedeuten.

10 Teste einige Eier auf ihre Frische. Probiere dazu den Tipp mit dem Wasserglas aus.

Eier
Seite 167

3

3.6 Kennzeichnung von Lebensmitteln

Zutatenliste

M33 Zutaten („Kleingedrucktes")

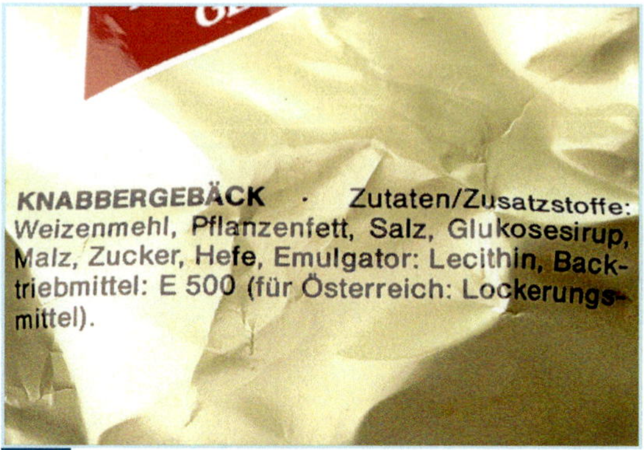

M34 Zutaten und Zusatzstoffe

Glossar Seite 168 ff.

Auf jeder Fertigpackung werden die Zutaten in der ***Zutatenliste*** aufgeführt. An erster Stelle steht die Zutat, die in der größten Menge enthalten ist. Die Mengen dürfen auch in Prozenten angegeben werden, z. B. Kakaopulver 20 %.

Zusatzstoffe

Zutaten sind alle Stoffe, einschließlich der Zusatzstoffe, die bei der Herstellung eines Lebensmittels verwendet werden. Unter ***Zusatzstoffen*** versteht man jene Stoffe, die Lebensmitteln hinzugefügt werden, um sie z. B. länger haltbar zu machen oder ihnen ein besseres Aussehen oder einen intensiveren Geschmack zu geben.

Glossar Seite 168 ff.

Zusatzstoffe müssen mit ***E-Nummern*** gekennzeichnet sein. Zutaten, die Allergien auslösen können, werden am Ende der Liste aufgeführt, z. B. „Kann Spuren von Nuss und Ei enthalten".

Damit du auch bei loser Ware erkennen kannst, ob Zusatzstoffe eingesetzt wurden, stehen die entsprechenden Angaben auf Schildern.

Nicht jede Zutat und nicht jeder Zusatzstoff gelten als unbedenklich. Einige stehen im Verdacht, die Entwicklung von Allergien oder gesundheitlichen Problemen zu begünstigen.

Die Zusatzstoffe, die bei der Herstellung von Lebensmitteln von der Industrie eingesetzt werden dürfen, stehen in der Zusatzstoff-Zulassungsverordnung.

Zusatzstoffe Seite 167

1. Bringt verschiedene verpackte Lebensmittel mit, z. B. fertige Backmischungen für Kuchen.
2. Lies dir die Zutatenlisten durch. Schreibe die Zusatzstoffe heraus.
3. Informiere dich im Internet, was die E-Nummern bedeuten und was sie bewirken.

M35 Geburtstagskuchen

Bekannte Zusatzstoffe sind ***Konservierungsstoffe***, Farbstoffe, Emulgatoren, Gelier- oder Verdickungsmittel, Säuerungsmittel, Geschmacksverstärker, Trenn- oder Überzugsmittel und Süßungsmittel.

- **Konservierungsstoffe**
  sollen Lebensmittel z. B. vor Bakterien und Schimmel schützen und Produkte länger haltbar machen. Die Nummern E 200 bis E 299 stehen für Konservierungsmittel.
  Beispiel E 280: Propionsäure in Schnittbrot, Mayonnaise, Wurst

- **Farbstoffe**
  sollen ein Produkt z. B. appetitlicher und gesünder aussehen lassen. Die Nummern E 100 bis E 199 stehen für Farbstoffe.
  Beispiel E 162: „Beetenrot“ in Schwarzbrot, Bonbons, roter Grütze, Pudding, Früchten, Tomatensuppe

- **Geschmacksverstärker**
  sollen den Eigengeschmack eines Lebensmittels hervorheben. Die bekanntesten unter ihnen sind Glutamate. Manche Menschen reagieren mit gesundheitlichen Problemen auf Glutamate (***„China Syndrom“***). Die Nummern E 620 bis E 640 stehen für Glutamate.
  Beispiel E 621: Glutamat in Suppen, Brühe, Fertiggerichten, Chips

Zutaten:
Backmischung: Weizenmehl, Zucker, Stärke, Backpulver (Säuerungsmittel Diphosphate, Backtriebmittel Natriumhydrogencarbonat), Emulgator E 475, Aroma, Speisesalz.
Marzipanfüllung: Zucker, 27% Marzipanrohmasse (Mandeln, Zucker, Wasser, Bittermandeln), Wasser, modifizierte Stärke, Verdickungsmittel Pektine.
Kakaohaltige Fettglasur: Pflanzliches Fett, Zucker, 20% fettarmes Kakaopulver, Milchzucker, Emulgator: Lecithine (Soja).

Kann Spuren von Ei und Nuss enthalten.

Durchschnittliche Nährwerte:

	pro 100 g zubereitete Speise*	pro Portion* = 54 g	GDA**
Energie	1713 kJ 410 kcal	925 kJ 221 kcal	11 %
Eiweiß	5,7 g	3,1 g	6 %
Kohlenhydrate	45 g	24,3 g	9 %
davon Zucker	24 g	13,0 g	14 %
Fett	23 g	12,4 g	18 %
davon ges. Fetts.	8,6 g	4,6 g	23 %
Ballaststoffe	1,5 g	0,8 g	3 %
Natrium	0,14 g	0,08 g	3 %

* mit Milch (1,5% Fett) zubereitetes Produkt
** Prozent des Richtwertes der Tageszufuhr. Basierend auf einer Ernährung von täglich 2000 kcal.

Glossar
Seite 168 ff.

❹ Überlege, welchen Schokoladenkuchen du deinen Gästen zum Geburtstag anbieten würdest **M35**.
Notiere dir Argumente für deine Wahl. Diskutiert in der Klasse, wovon eine solche Entscheidung abhängt.

Hilfreiche Stichworte:
- Zeit
- Preis
- Aufwand
- Geschmack
- …

Rezept
Seite 152

3

3.7 Qualitätssiegel und Verbraucherschutz

Qualitätssiegel

Euro-Blatt:
Ab 1. Juli 2010 ist das Euro-Blatt für alle verpackten Bio-Produkte aus der EU vorgeschrieben.

Glossar
Seite 168 ff.

M36 Gütezeichen, *Qualitätssiegel* und Umweltzeichen

Neben den gesetzlich vorgeschriebenen Warenkennzeichnungen gibt es auch freiwillige Angaben, damit du dich über Qualität und Beschaffenheit von Produkten informieren kannst. Gütezeichen, Qualitätssiegel und Umweltzeichen werden von verschiedenen Instituten vergeben, teilweise gelten die Klassifizierungsangaben EU-weit.

So vergibt die Europäische Union für Lebensmittel z. B. das EU-Biosiegel für Produkte und Lebensmittel, die ökologisch angebaut, produziert und kontrolliert wurden.

Mit dem Umweltzeichen „Der blaue Engel" (M36 unten links = Beispiel für Recyclingpapier) soll der Käufer auf eine umweltfreundlichere Kauf-Alternative hingewiesen werden, um zu einer Minderung von Umweltbelastungen beizutragen. Über weitere Qualitätsmerkmale gibt das Umweltzeichen keine Aussagen.

Gütezeichen, Qualitätssiegel und Umweltzeichen sind nicht zu verwechseln mit plakativen Produktnamen oder frei gewählten Warenzeichen, die im Laufe der Zeit den Charakter eines Markenzeichens annehmen.

RAL
Seite 167

1. Klärt alle Begriffe aus dem Text, die ihr nicht versteht.
2. Informiere dich, welche Bedeutung die abgebildeten Siegel und Logos haben.
3. Suche auf Produkten bei dir zu Hause zwei weitere solcher Angaben. Fotografiere sie und bringe sie in den Unterricht mit.
4. Tauscht euch aus und informiert euch, ob es sich um ein offizielles Qualitätssiegel oder eine andere Kennzeichnung handelt.
5. Notiere, wo du dich informieren kannst, wenn du eine größere Anschaffung machen möchtest (z. B. ein neues Handy).
6. Interviewt in Gruppenarbeit auch Mitschüler dazu und wertet alle Antworten aus. Erstellt eine Liste und sortiert die Antworten nach ihrer Häufigkeit. Stellt die Rangordnung grafisch dar.
7. Besorge dir eine Zeitschrift der Stiftung Warentest.

Verbraucherschutz

M37 Produkt- und Markennamen

M38 Stiftung Warentest

Verschiedene staatliche und nicht staatliche Institutionen oder Verbände bewerten Produkte und vergleichen sie untereinander, damit die Kunden die Stärken und Schwächen eines Produktes für den eigenen Bedarf besser bewerten können.
Grundsätzlich gilt: Je neutraler, seriöser und unabhängiger ein Verband ist, desto objektiver ist die Informationsangabe.

Die **Stiftung Warentest** ist eine unabhängige Stiftung, die 1964 auf Beschluss des Deutschen Bundestages gegründet wurde.
Die Tester
- kaufen anonym im Handel ein,
- testen in unabhängigen Instituten nach genauen Vorgaben,
- bewerten nach den objektiven Untersuchungsergebnissen,
- veröffentlichen die Ergebnisse in Testzeitschriften und im Internet.

Informationen zu Fragen der Ernährung oder zu speziellen Lebensmitteln geben folgende Institute:
- Landwirtschaftskammer Niedersachsen
- Deutscher Hausfrauenbund e.V.
- Verbraucherzentralen der Länder
- aid infodienst, Ernährung, Landwirtschaft, Verbraucherschutz e.V.
- Deutsche Gesellschaft für Ernährung (DGE)
- Bund für Lebensmittelrecht und Lebensmittelkunde e.V.

Tipp:
Verbraucherzentralen bieten teilweise kostenlos Beratung an. Wo ist die nächste in deiner Nähe?

Institute Seite 167

Stiftung Warentest Seite 167

Verbraucherzentralen Seite 167

❽ Wählt in der Gruppe ein Produkt aus, das in der Zeitschrift beurteilt wurde. Untersucht:
- Welche Beurteilungskriterien liegen zugrunde?
- Welche Beurteilungskategorie ist dir am wichtigsten?
- Welche Informationen sind verständlich, welche nicht?
- Für welches Produkt würdest du dich entscheiden?

❾ Bewertet selbst zwei bis drei ähnliche Produkte. Stellt vorab Beurteilungskriterien auf.

3 Methode

Produktanalyse

Qualität lässt sich erst dann messen, wenn Vergleichswerte oder Kriterien festgelegt werden.
Qualitätskriterien bei **Lebensmitteln** können z. B. Aussehen, Geschmack, Geruch, Konsistenz, Frische (MHD), Nährstoffe, Preis sein.
Qualitätskriterien bei **Gebrauchsgütern**, wie z. B. Elektrogeräte, sind Bedienerfreundlichkeit, Zusatzfunktionen, Energieverbrauch, Materialqualität, Kundendienst, Sicherheitseinrichtungen, Preis.

Bewusstes Einkaufen hilft dir, deinen Geldbeutel und die Umwelt zu schonen. Bewusstes Einkaufen heißt

- auf Preise zu achten,
- auf Qualität zu achten,
- auf gesunde Lebensmittel zu achten,
- auf die Umwelt zu achten.

Tipp:
Lies noch einmal auf den Seiten 80–83 (Kennzeichnung von Lebensmitteln) nach.

So geht's:

Planung

❶ Entscheide dich für ein Produkt, das du analysieren möchtest.

❷ Lege eine Mind-Map an. Schreibe das Produkt in die Mitte. Schreibe Kriterien dazu, mit denen du dein Produkt analysieren kannst.

Beispiel:

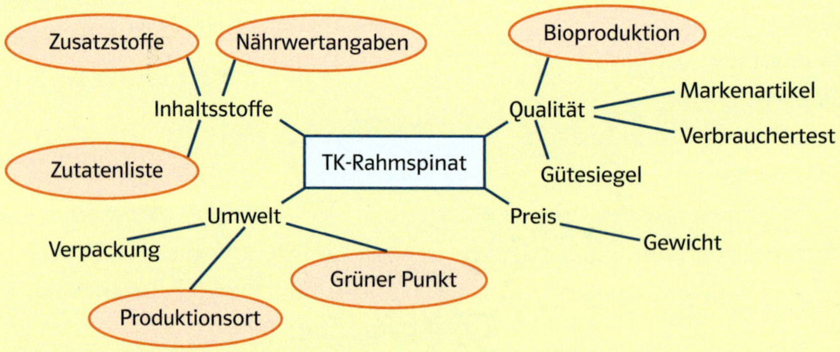

❸ Überlege, welche Punkte dir besonders wichtig sind. Kreise sie ein.

Durchführung

❹ Informiere dich zu den Kriterien, z. B. im Internet, mithilfe von Testzeitschriften, durch eine Beratung im Fachhandel, Gütesiegel.

Reflexion

❺ Werte deine Erkenntnisse aus: Was spricht für das Produkt? Was spricht gegen das Produkt?

Mögliche Kriterien für die Planung und Auswertung:

- **Qualität:**
  - Gütesiegel?
  - Markenartikel?
  - Bioproduktion?
  - Verbrauchertests?
- **Inhaltsstoffe** (bei Lebensmitteln):
  - Zutatenliste ausführlich und übersichtlich?
  - Wie viel Zucker oder Salz enthält das Produkt?
  - Sind Zusatzstoffe eingesetzt?
  - Ist es fettreduziert?
  - Wurden die durchschnittlichen Nährwerte angegeben?
- **Umwelt:**
  - Unnötige Verpackung?
  - *„Grüner Punkt"*?
  - Produktion in Deutschland oder der Region (Transportweg)?
- **Sonstiges:**
  - Zubereitungsempfehlung?
  - Handhabung?
  - Gewicht?

Zusatzstoffe, Nährstoffe
Seite 167

Nährstoffe
Seite 45–49

Glossar
Seite 168 ff.

Beispiel für eine Auswertung:

Auswertung/ Reflexion

Produktanalyse TK-Rahmspinat
- Bioprodukt, das ÖKO-Siegel ist vorhanden
- Produktion in der Region
- „Grüner Punkt" ist vorhanden
- Zutatenliste übersichtlich
- Zusatzstoffe: keine aufgezählt
- Nährwertangaben sind gut verständlich

Fazit: ...

Zusatzaufgaben:

Wie oft kaufst du spontan ein, z. B. im Supermarkt? Warum sind Spontankäufe bedenklich? Wie kannst du sie vermeiden?

3

3.8 Überprüfe dich selbst

Seite 66

1. Nenne je ein Beispiel für die richtige Lagerung von Trockenvorräten, Frischvorräten und TK-Ware.

Seite 70

2. Erkläre den Begriff „Kühlkette“. Was ist die letzte Station der Kühlkette und was gibt es dabei für dich Besonderes zu beachten?

Seite 72–73

3. Nenne mindestens vier verschiedene Konservierungsmethoden und je ein Beispiel dazu.

Seite 74–75

4. Beschreibe, welche Anzeichen dich warnen können, dass ein Lebensmittel verdorben ist.

Seite 76–77

5. Was bedeutet der Begriff „Convenience Food“?

M39 Erdbeerjoghurt?

Seite 80, 82

6. Betrachte M39. Woran erkennst du, ob wirklich Erdbeeren im Joghurt enthalten sind?

Seite 82–83

7. Nenne Beispiele für Zusatzstoffe in Produkten und ihre Funktion. Welche Gedanken hast du, wenn viele Zusatzstoffe in einem Produkt verhanden sind?

8 Welche Angaben müssen auf der Verpackung eines Lebensmittels stehen? Seite 80

M40 Qualitätssiegel und Markennamen

9 Bei welchen Logos handelt es sich um Qualitätssiegel und welche Logos kennzeichnen lediglich Artikel einer bestimmten Marke? Seite 84

Wichtige Begriffe aus dem Kapitel:

- Kühlkette
- Convenience Food
- E-Nummern
- Mindesthaltbarkeitsdatum (MHD)
- Salmonellen
- Konservierung
- Schimmelpilze
- Qualitätssiegel
- Zutatenliste

Tauscht euch aus:

- Was fandest du besonders interessant? Gestalte eine Mind-Map mit Themen aus dem Kapitel, die du für dich wichtig findest.
- Hat der Inhalt des Kapitels Auswirkungen auf dein zukünftiges Einkaufsverhalten? Nenne Beispiele.
- Bei welchen Produkten ist es dir als Verbraucher im Alltag besonders wichtig, dass du über die Qualität informiert bist?

4 Lebensstile und Essgewohnheiten

Online-Link
006575-0091

Das lernst du in diesem Kapitel:

- verschiedene Gruppen von Lebensmitteln zu unterscheiden
- dein eigenes Essverhalten zu erforschen und zu verändern
- drei ganz unterschiedliche Ernährungsformen und ihre Hintergründe zu vergleichen
- dass der Lebensstil auch etwas mit Vorbildern, Ernährung, Klima und Religion zu tun hat

Wusstest du schon, dass ...

- sehr viele Jugendliche, besonders Mädchen, an Essstörungen leiden?
- du Lebensmittel verwendest, die *Functional Food* genannt werden?
- manche Lebensmittel besser nur in Maßen verzehrt werden sollten, auch wenn die Werbung behauptet, dass sie gut für dich sind?

Ideen für Projekte

- Organisiert ein Klassenfrühstück unter einem bestimmten Motto, z. B. vegetarisches Büfett, Osterbrunch, vollwertiges Fingerfood, internationale Speisen.
- Entwickelt einen Fragebogen, mit dem ihr die Essgewohnheiten für alle Schüler und Schülerinnen der Schule ermittelt und auswertet. Die Trends und eure Tipps könnt ihr zusammenfassen und an einer Plakatwand präsentieren.
- Bietet auf einem Schulfest internationale Gerichte an.

4

4.1 Ernährungsgewohnheiten

Ernährungstrends

1.

… sind zubereitete Speisen, die für den raschen Verzehr produziert werden. Man kann die Speisen in der Regel sofort und auch gut unterwegs essen.
Auf traditionelle Essensriten, wie an einem gedeckten Tisch zu sitzen und mit Besteck zu essen, wird weitgehend verzichtet.

2.

… ist ein Begriff, der von einer gleichnamigen Organisation als Ausdruck für langsames, genussvolles, bewusstes und regionales Essen geprägt wurde.
Die ursprünglich aus Italien stammende Organisation bemüht sich um die Erhaltung einer regionalen Küche mit heimischen pflanzlichen und tierischen Produkten und deren Produktion vor Ort.

3.

… bedeutet übersetzt etwa „bequeme Kost“. Damit werden alle ganz oder teilweise vorgefertigten Produkte oder auch komplette Fertigmahlzeiten bezeichnet.
Das Hauptanliegen dabei ist, die Zubereitung des Essens zu Hause zu erleichtern und zu verkürzen.

4.

… ist eine Zusatzbezeichnung bei Lebens- bzw. Genussmitteln.
Je nach Produkt steht die Bezeichnung für einen reduzierten Gehalt an Bestandteilen, die als ungesund angesehen werden. Die Zusatzbezeichnung soll vermitteln, dass das Produkt „leichter“ als ein vergleichbarer Artikel ist.
Das kann je nach Produkt z. B. kalorienarm, fettarm, zuckerfrei, mit wenig Kohlensäure oder wenig Koffein bedeuten.

Convenience Food *Light-Produkte* *Fast Food* *Slow Food*

Convenience Food
Seite 76–77

Glossar
Seite 168 ff.

1. Ordne die Überschriften aus dem unteren Notizzettel den richtigen Erklärungen zu.
2. Formuliere die Erklärungen mit eigenen Worten.
3. Vergleicht die Erklärungen in eurer Klasse. Wählt die beste aus und schreibt sie in euer Heft.
4. Nenne weitere Beispiele für Fast Food, Slow Food, Convenience Food und Light-Produkte.
5. Erstellt in Kleingruppen eine Collage zu den Bezeichnungen.

Was ist was?

M1 Fast Food

M2 Slow Food

M3 Convenience Food

M4 Light-Produkte

Fast Food	Slow Food	Convenience Food	Light-Produkte
Hamburger	Käse aus ökologischer Herstellung	Dosensuppe	Colagetränk
Pommes frites	Fleisch aus ökologischer Herstellung	Klöße im Kochbeutel	Joghurt
Gyros Pita	frisches Gemüse	Kuchenbackmischung	Kaugummi

Welche Ernährungs- und Einkaufsgewohnheiten hast du?

Anna: Ich mag gerne Burger, die schmecken mir einfach gut.

Luca: Ich finde Umweltschutz wichtig. Dazu gehört für mich auch der Einkauf auf dem Markt. Die Lebensmittel aus der Region müssen nicht so weit transportiert werden. Das schont die Umwelt.

Finn: Ich bin Sportler und achte auf gesunde Ernährung. Dazu gehört für mich auch frisch gekochtes Essen.

Fabrizio: Ich kaufe im Supermarkt eigentlich meistens Sachen, die ich aus der Werbung kenne. Das sind oft vorgefertigte Produkte, mit denen ich nicht viel Arbeit habe.

Ahmet: Ich bin gegen viele Zusatzstoffe allergisch. Daher kaufe ich lieber alle Zutaten für ein Gericht einzeln und kombiniere sie. So weiß ich, was in meinem Essen enthalten ist.

Lucy: Ich esse gerne Joghurt und Käse. Da kaufe ich oft Light-Produkte, denn die machen nicht so dick.

6 Überlegt, welche Gründe es gibt, zu den unterschiedlichen Produkten zu greifen. Führt eine Pro-und-Kontra-Diskussion.

Hilfreiche Stichworte:
- Preis-Leistungs-Verhältnis
- Genuss
- Gesundheit (Zusatzstoffe etc.)
- Umweltbewusstsein

7 Vergleicht und beurteilt die Aussagen im gelben Kasten unter folgenden Aspekten: Kosten, Zeitaufwand, Geschmack, gesundheitliche Aspekte (Verträglichkeit etc.), Tagesablauf und Einkaufsquellen.

8 Bewertet eure eigenen Ernährungsgewohnheiten unter den genannten Aspekten.

Pro- und Kontra-Diskussion
Seite 102

4 Methode

Biografisches Lernen

Willst du etwas an deinen Essgewohnheiten ändern?
Möchtest du abnehmen?
Isst du deiner Meinung nach gesund?
Fühlst du dich fit wie ein Turnschuh?

Jeder Mensch hat andere Essgewohnheiten. Der eine isst zwei warme Mahlzeiten am Tag und frühstückt ausgiebig, der andere hat aufgrund seiner Arbeit erst am Abend Zeit, eine ordentliche Mahlzeit zu sich zu nehmen. Manchen Menschen ist es wichtig, mit frischen Produkten zu kochen, andere greifen lieber auf Fertigprodukte zurück.

Um einmal deine eigenen Essgewohnheiten zu überprüfen, schreibe eine Woche lang auf, was und wie viel du an welchem Tag gegessen hast.

So geht's:

Planung/ Vorbereitung

❶ Lege eine Tabelle mit folgenden Spalten an:

Datum	Getränke	Frühstück	Mittagessen	Abendessen	Zwischen-mahlzeiten

Durchführung

❷ Jetzt trägst du alles ein, was du über den Tag verteilt isst. Beschreibe die Lebensmittel möglichst genau, z. B. eine Scheibe Vollkornbrot, ein Glas Apfelsaft naturtrüb. Verwende bei den jeweiligen Mengen die üblichen Haushaltsmaße, z. B. EL = Esslöffel.

❸ Damit du einen besseren Überblick bekommst, verwende farbige Markierungen.

rot = Fast Food
grün = Slow Food
blau = Convenience Food
gelb = Light-Produkte

Auswertung / Reflexion

Wenn du deine Tabelle auswertest, kannst du erkennen, welche Essgewohnheiten du hast. Entscheide, welche du verändern möchtest.

Stelle vorab Kriterien für die Auswertung auf.

1. Gib deine Tabelle einem Partner/einer Partnerin.
2. Diese/r schreibt in Stichworten heraus, was ihm/ihr an deinen Essgewohnheiten auffällt. Du machst dasselbe mit seiner/ihrer Übersicht.
3. Tauscht euch aus, was euch aufgefallen ist.
4. Schreibe eine Positiv-/Negativ-Liste für dich auf.

Positiv	Negativ
viel Gemüse	zu viele Süßigkeiten
jeden Tag ein Frühstück	zu wenig Wasser/Getränke zwischendurch
…	

5. Überlege: Haben sich deine Essgewohnheiten im Laufe deines Lebens geändert? Woran könnte das liegen?
6. Bist du mit deinen Essgewohnheiten zufrieden? Begründe. Schreibe dir einen Merkzettel mit drei Stichpunkten, was du an deinem Essverhalten noch verbessern könntest. Entwickle einen Plan, wie du das erreichen kannst.

Beispiel für einen Merkzettel:

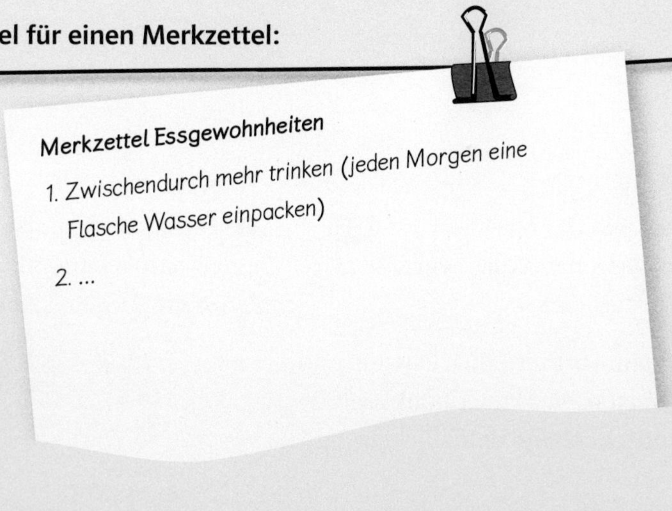

4

4.2 Functional Food

M5 Die Qual bei der Produktauswahl

Functional Food Seite 92

Glossar Seite 168 ff.

Nahrungsmittel, die mit zusätzlichen Inhaltsstoffen angereichert und aufgewertet werden, nennt man ***Functional Food*** (= funktionelle Lebensmittel).

Diese sollen laut Hersteller eine gesundheitsfördernde Wirkung haben. Oft werden den Lebensmitteln bestimmte Fettsäuren, Vitamine, Ballaststoffe, Milchsäurebakterien, Proteine oder pflanzliche Wirkstoffe (Phytochemikalien) zugesetzt. Sie sollen das Immunsystem des Körpers stärken, die Denk- und Lernleistung erhöhen oder vorbeugend gegen Herz-Kreislauf-Erkrankungen, Magen-Darm-Geschwüre und Krebs wirken.

Werbeaussagen stellen diese gesundheitsfördernde Wirkung oft heraus, z. B. *„Produkt XY bringt Ihre Verdauung in Schwung"*.

Es ist wissenschaftlich aber nicht bewiesen, dass Functional Food sich wirklich gesundheitsfördernd auswirkt.

1. Beschreibe, was das Mädchen auf M5 für ein Problem hat. Wozu würdest du ihr raten? Begründe.
2. Erkläre einem Partner/einer Partnerin in eigenen Worten, was Functional Food ist. Schreibe anschließend deine Erklärung auf.
3. Erkundet einen Supermarkt: Erstellt eine Liste mit Functional-Food-Produkten. Stellt eure Beispiele in der Klasse vor.

Funktionelle Zutaten	Möglicher Zusatznutzen	Beispiele für angereicherte Lebensmittel
• Nahrungsfasern • Ballaststoffe	• Förderung der Verdauung • Senkung des Cholesterinspiegels • Vorbeugung von Herz-Kreislauf-Erkrankungen	Müsli, Joghurt, Säfte
• Phytosterole (sekundäre Pflanzenstoffe) • Omega-3-Fettsäuren	• Senkung des Cholesterinspiegels • Vorbeugung von Herz-Kreislauf-Erkrankungen	Margarine, Milchprodukte, Brot, Eier
• Calcium • Vitamine • Magnesium • Zink	• Erhalt der Knochenmasse; vor allem bei Frauen in den Wechseljahren zur Vorbeugung von Osteoporose (Knochenschwund)	Säfte, Müslimischungen, Cerealien, Frühstücksgetränke
• Probiotische Bakterienstämme • Insulin • Oligofructose	• Förderung einer gesunden Darmflora für eine insgesamt verbesserte Darmgesundheit	*Probiotika* und Präbiotika, wie probiotischer Joghurt, Milchgetränke, Müslimischungen, Cerealien, Biskuits
• Antioxidantien (Schutzfaktoren) wie Vitamin C, Vitamin E und Betacarotin	• Schutz der Körperzellen	Säfte, Frühstücksgetränke
• Folsäure	• Vorbeugung von Fehlentwicklungen der Wirbelsäule beim Ungeborenen, z. B. offener Rücken	Brot, Milchprodukte, Salz
• Jod	• Vermeidung von Jodmangel, der zu einer Unterfunktion der Schilddrüse und zu Kropfbildung führt	Mit Jodsalz hergestellte Lebensmittel

Glossar
Seite 168 ff.

❹ Sammelt Werbeaussagen über Functional Food. Was verspricht die Werbung? Wie bewertet ihr diese Aussagen?

❺ Informiere dich, welche naturbelassenen Lebensmittel einen ähnlichen gesundheitlichen Nutzen haben. Schlage dazu in Kapitel 2 (Seite 42 ff.) und in der Nährswerttabelle (Seite 157 ff.) nach.

4

4.3 Ernährungsformen

M6 Vegane Kost

M7 Laktovegetabile Kost

M8 Ovolaktovegetabile Kost

Es gibt zahlreiche unterschiedliche Ernährungsformen, die Menschen aus unterschiedlichen Gründen für sich auswählen. Einige Menschen möchten ihre Ernährung und oft auch ihre Lebensweise nach einem bestimmten Vorbild richten. Hierfür kann es verschiedene Gründe geben, z. B. gesundheitliche, religiöse, kulturelle, ethische oder auch ökologische. Im Folgenden werden drei unterschiedliche Ernährungsformen konkret dargestellt: Vegetarismus, Trennkost und Vollwerternährung.

Vegetarismus

Glossar
Seite 168 ff.

Vegetarier essen grundsätzlich kein Fleisch von toten Tieren. Mit Vegetarismus wird nicht nur eine alternative Ernährungsform beschrieben, sondern auch eine bestimmte Lebensweise. Die Gründe für diese Lebensweise sind individuell verschieden. Aus gesundheitlicher Sicht ist gegen eine Ernährung mit einem hohen Anteil an Gemüse, Obst und Vollkornprodukten nichts einzuwenden, denn sie enthält viel weniger ungesunde gesättigte Fettsäuren, Cholesterin und Zucker. Dadurch beugt sie weit verbreiteten Zivilisationskrankheiten wie Übergewicht, Gicht, Bluthochdruck, Osteoporose und auch manchen Krebsarten vor. Einige naturheilkundliche Behandlungsmethoden beziehen sogar die vegetarische Ernährung zur Vorbeugung und Therapie von Stoffwechselerkrankungen mit ein.

Vegetarische Ernährungsformen

1. **Vegane Kost** M6
   Nur rein pflanzliche Lebensmittel werden gegessen. Alle Lebensmittel, die von Tieren stammen, werden abgelehnt.
2. **Laktovegetabile Kost** M7
   Nur rein pflanzliche Lebensmittel sowie Milch und Milchprodukte werden gegessen. Alle anderen Lebensmittel, die von Tieren stammen, werden abgelehnt.
3. **Ovolaktovegetabile Kost** M8
   Nur rein pflanzliche Lebensmittel, Milch und Milchprodukte sowie Eier werden gegessen. Alle anderen Lebensmittel, die von Tieren stammen, werden abgelehnt.

Rezepte
Seite 136 ff.

1. Nenne jeweils die Hauptaussage von Vegetarismus, Trennkost und Vollwerternährung (nach Kollath/Leitzmann). Informiere dich auch im Internet oder in Lexika.

2. Sucht zu allen drei Ernährungsformen Rezepte und probiert sie aus. Ihr könnt die Rezepte auch abwandeln, z. B. Chili ohne Fleisch, belegte Brötchen mit Vollkorngetreide.

M9 Partyvorbereitung

Trennkost

Der Begründer der ***Trennkost*** ist der US-Amerikaner Howard Hay.

Es gibt inzwischen zahlreiche Varianten von Trennkost, die mehr oder weniger stark von den Regeln und Ideen abweichen, die Howard Hay einst formuliert hat. Allen gleich ist das Grundprinzip der Trennkost:

Eiweißreiche Lebensmittel dürfen nicht gleichzeitig mit kohlenhydratreichen Lebensmitteln verzehrt werden. Eine als „neutral" bezeichnete Gruppe von Lebensmitteln kann dagegen mit Eiweiß und Kohlenhydraten kombiniert werden.

Vollwerternährung

Vorreiter der ***Vollwerternährung*** war Werner Kollath, seine Behauptungen wurden u. a. von Claus Leitzmann bearbeitet. Die Kernaussage lautet: Die Nahrung soll so frisch und natürlich wie möglich sein. Von zu viel Fleisch, Fett, Zucker, zu viel Weißmehl und zu vielen Genussmitteln wird abgeraten. Pflanzliche Lebensmittel bzw. eine laktovegetabile Kost sind zu bevorzugen. Die Lebensmittel werden nur, wenn unbedingt nötig, gegart und dann so kurz und schonend wie möglich. Soziale und ökologische Gesichtspunkte spielen eine große Rolle, daher werden Lebensmittel aus kontrolliertem, heimischem Anbau bevorzugt. Es wird Wert auf Umweltverträglichkeit und umweltschonende Verpackungen gelegt sowie auf die Verwendung von Produkten, die je nach Jahreszeit zur Verfügung stehen. Auf Zusatzstoffe oder Convenience-Produkte wird vollkommen verzichtet.

Glossar
Seite 168 ff.

3. Kennst du jemanden, der eine bestimmte Ernährungsform bevorzugt (Familienmitglieder, prominente Personen)? Kennst du die Gründe dafür? Tauscht euch aus.

4. Ergänzt in Partnerarbeit die Einkaufsliste für die Party **M9**. Beachtet die Informationen über Benno und Anne.

4

4.4 Diäten

Merkmale von Diäten

Zu viel Nahrung → Übergewicht
Zu wenig Nahrung → Untergewicht
Zufuhr = Verbrauch → Gewicht gehalten

M10 Zusammenhang zwischen Zufuhr und Verbrauch der Nahrung

M11 Heißhunger

Glossar
Seite 168 ff.

Energiebedarf
Seite 50–51

Der Begriff ***Diät*** stammt aus dem Griechischen und bedeutet *Lebensweise*. Heutzutage wird als Diät eine spezielle Ernährung bezeichnet, bei der kurzfristig, längerfristig oder dauerhaft eine spezielle Auswahl an Nahrungsmitteln verzehrt wird. Ziel kann die Gewichtsabnahme oder manchmal auch Gewichtszunahme sein. Manchmal beinhaltet eine Diät auch eine umfassende Ernährungsumstellung, z. B. zur unterstützenden Behandlung einer Krankheit.

Jede Diätform basiert auf einer Verminderung oder Vermehrung eines Nahrungsmittelbestandteils, wie z. B. Kohlenhydrate oder Fette, und der Erniedrigung oder Erhöhung der zugeführten Gesamtenergiemenge (Kalorien bzw. Kilojoule). In einigen Diäten wird auf einzelne Nahrungsbestandteile sogar komplett verzichtet.

Wer ein paar Pfunde Gewicht verlieren möchte, sollte versuchen, sich möglichst ausgewogen und gesund zu ernähren. Viel Obst und Gemüse sollten im Speiseplan stehen und natürlich viel Wasser. Ohne Bewegung geht es natürlich auch nicht!

1. Beschreibe und kommentiere die Szene auf **M11**.
2. Überlege, ob du oder jemand, den du kennst, schon einmal eine Diät gemacht hat. Wenn ja, welche und warum?
3. Tauscht diese Erfahrungen zu Diäten in der Klasse aus.
4. Sammelt aus verschiedenen Medien (z. B. Zeitschriften, Internet, Bücher) möglichst viele verschiedene Diäten.
5. Vergleicht diese im Klassenverband mithilfe einer Wandzeitung, die so aussehen könnte:

Name der Diät	Nährstoffzufuhr ausgewogen?	Im Alltag praktikabel?	Kosten?	Aufwändig in der Zubereitung?	Risiken
Kohlsuppendiät	nein	ja	günstig	nein	Heißhungerattacken

Unterschiedliche Lebensstile – unterschiedliche Formen von Diäten

M12 Lisa

Name: Lisa
Alter: 17 Jahre
Größe: 1,64 m
Gewicht: 77 kg
Beruf: Schülerin
Hobbys: spielt Keyboard in einer Band, schwimmt gerne
Besonderheiten: allergisch gegen Milch und Milchprodukte (Laktoseintoleranz)
Problem/Wunsch:
„Wegen meiner Allergie muss ich auf viele Lebensmittel verzichten. Da ich mit meiner Band in letzter Zeit öfter mal lange probe, bin ich oft erst spät am Abend zu Hause und habe wenig Zeit zum Kochen. Ich mag modische Klamotten. Aber in den letzten Monaten habe ich stetig ein paar Kilo zugenommen. Jetzt finde ich mich zu dick und traue mich nicht mehr, enge Kleidung anzuziehen. Ich fühle mich einfach immer seltener wohl in meiner Haut – daran würde ich gerne etwas ändern."

M13 Mertan

Name: Mertan
Alter: 19 Jahre
Größe: 1,78 m
Gewicht: 65 kg
Beruf: Auszubildender
Hobbys: spielt gerne Fußball im Verein
Besonderheiten: seit kurzem Vegetarier
Problem/Wunsch:
„Ich habe einen besonders aktiven Stoffwechsel, das heißt, mein Kalorienbedarf ist ca. 300–400 Kalorien höher als bei anderen Jungen in meinem Alter. Ich bin relativ dünn. Seit ein paar Wochen bereite ich mich auf eine Prüfung in meiner Ausbildung vor. Aber in letzter Zeit bin ich beim Lernen oft müde und manchmal ist mir sogar richtig schwindelig. Außerdem habe ich wieder mal ein paar Kilo abgenommen. Manche Fußballkollegen machen schon blöde Sprüche, das ist echt ätzend. Obwohl mir Fußball eigentlich total viel Spaß macht, überlege ich mir, ob ich weiter zum Training gehen soll. Das stresst mich alles ziemlich und dann habe ich keinen Appetit. Wie kann ich bloß meine Konzentration zurückbekommen und mein Gewicht halten?"

6 Bewerte den Aspekt der Bewegung im Hinblick auf eine Diät.

7 Untersuche das Problem und den Wunsch von Lisa und Mertan. Überlege in Partnerarbeit, welche Auswirkungen das Gewichtsproblem auf das Leben der beiden hat.

8 Beschreibe, worauf die beiden in Zukunft achten sollten. Sammele Tipps für eine der beiden Personen.

9 Begründe, warum eine Diät immer individuell auf eine Person zugeschnitten sein sollte.

10 Informiere dich über die Krankheiten *Bulimie* und Diabetes (z. B. im Internet, in Broschüren aus der Apotheke, im Biologiebuch). Schreibe die wichtigsten Informationen heraus.

BFE Seite 167

Glossar Seite 168 ff.

4 Methode

Pro-und-Kontra-Diskussion

M14 Gewichtsfragen und -ansichten

Es gibt sehr vielfältige Meinungen und Einstellungen zum Thema Diät halten. Manche Menschen möchten aus unterschiedlichen Gründen ein paar Pfunde verlieren, andere halten kurzfristige Diäten für Unsinn und überflüssig. Überlegt Argumente für eine Diskussion zum Thema Pro-Kontra-Diät.

Planung/ Vorbereitung

Um für weitere Diskussionsrunden vorbereitet zu sein, überlegt euch Kriterien, auf die ihr bei eurer Diskussion achten möchtet.

Stellt an der Tafel einige Auswertungsmerkmale zusammen.

Beispiel:

Gegenargumente widerlegt
verständliche Aussagen
sachlich dargestellt
...

So geht s:

Durchführung

1. Teilt eure Klasse in zwei gleich große Gruppen ein.
2. Eine Gruppe vertritt die Pro- und die andere Gruppe die Kontra-Diät-Seite.
3. Jede Gruppe bekommt ca. 45 Minuten Zeit, um sich auf die Diskussion vorzubereiten. Diskutiert in eurer Gruppe Argumente für und gegen Diäten.
4. Schreibt eure Argumente auf Karten.
5. Wählt aus eurer Gruppe zwei Mitschüler/Mitschülerinnen aus, die diese Argumente in der Diskussion vertreten sollen.
6. Stellt jeweils zwei Stühle vor der Tafel auf und reiht die anderen Stühle für das Publikum darum herum.
7. Euer Lehrer/eure Lehrerin sind der Leiter/die Leiterin der Diskussion und achten darauf, dass die Argumente der Pro- und Kontra-Seite abwechselnd vorgetragen werden.

Auswertung/ Reflexion

8. Nach der Diskussion dürfen zuerst die Mitschüler, die diskutiert haben, zu Wort kommen: Was ist leicht, was ist schwer gefallen?
9. Wertet eure Diskussion gemeinsam unter den gesammelten Kriterien aus. Diskutiert in der Klasse, was gut geklappt hat und worauf man bei der nächsten Diskussionsrunde achten sollte.

Zusatzaufgaben:

Führt vor und nach der Durchführung eine Abstimmung durch. Überlegt vor der zweiten Abstimmung, ob und welche Argumente euch persönlich überzeugt haben.

4

4.5 Verschiedene Lebensstile

Lebensweisen und Essgewohnheiten

M15 Urlaubsszene: Essenszeiten in Spanien

Spagetti (Italien)

Dönerkebab (Türkei)

Bauernsalat (Griechenland)

M16 Typische Speisen aus anderen Ländern

Señor Juanito klärt die beiden Touristen über die Essgewohnheiten seiner spanischen Landsleute auf:

„Unsere Essgewohnheiten sind ein wenig anders als in Deutschland. Eigentlich frühstücken wir Spanier nicht sehr viel. Manchmal nur einen Kaffee oder ein Glas heiße Milch. Wenn wir etwas zum Frühstück essen, dann vielleicht ein Croissant oder einen Toast mit Butter und Marmelade. Gegen Mittag ist es bei uns üblich, in einer Bar kurz etwas zu trinken und dabei kleine „Tapas" zu essen. Das sind Appetithäppchen, wie z. B. gefüllte Oliven, eingelegte Sardinen oder Pflaumen im Speckmantel. Zu Mittag essen wir so gegen 14.00 Uhr. Als Vorspeise gibt es meistens Salat oder eine Suppe, die gerne auch kalt sein kann (Gazpacho, kalte Gemüsesuppe), als Hauptgang essen wir Fleisch oder Fisch. Immer auf dem Tisch stehen: eine Karaffe Wasser, etwas Wein und Brot. Als Nachtisch gibt es Obst, Eis oder unseren leckeren Karamellpudding, den „Flan".

Zwischen 17.00 und 18.00 Uhr bekommen die Kinder meist eine Kleinigkeit, wie z. B. Gebäck, ein Butterbrot oder einen Schokoriegel, denn zu Abend gegessen wird meist erst zwischen 21.00 und 22.00 Uhr, wenn es draußen nicht mehr so warm ist.
Als Vorspeise gibt es eine Suppe oder Gemüse und als zweiten Gang Fisch oder ein Omelett. Auch hier dürfen Wasser, Wein und Brot nicht fehlen."

1. Seht euch die Szene auf M15 an. Beschreibt, was euch auffällt.
2. Lest euch den Text von Señor Juanito durch. Worin unterscheiden sich die Essgewohnheiten der Spanier von denen der Deutschen? Erstellt in Partnerarbeit eine Tabelle und sammelt Unterschiede.
3. Sucht euch ein Land aus (z. B. Frankreich, Italien, Spanien, Türkei, China, Schweden) und haltet ein kurzes Referat dazu. Schwerpunkt sollten typische Speisen und Essgewohnheiten des Landes sein. Nennt Gründe, warum sie von Land zu Land verschieden sein können.

Hilfreiche Stichworte:
- Kultur
- Klima
- Religion

Lebensweisen und Lebensplanung

Im Job Karriere zu machen, ist mir nicht so wichtig. Ich möchte lieber früh eine Familie gründen und Kinder haben. Mir wäre es am wichtigsten, viel Zeit für meine Familie zu haben und gut für sie zu sorgen. Daher würde ich gerne in einem Beruf arbeiten, der nicht so stressig ist, mit dem ich aber dennoch etwas zum Einkommen meiner Familie beitragen kann. So ähnlich war es früher auch in meiner Familie. Meine Mutter hatte meistens viel Zeit für uns und das fand ich sehr schön.

M17 Meral

Ich möchte einen guten Job haben, um mir schöne Sachen wie Markenkleidung oder Konzertbesuche leisten zu können. Ein Teil meiner Familie lebt in Spanien, den würde ich auch gerne öfter besuchen. Eine eigene Familie möchte ich erst mal nicht. Da ich gerne Handball spiele, füllt der Sport den größten Teil meiner Freizeit aus. Um als Handballer noch besser zu werden, muss ich noch mehr auf meine Gesundheit achten. Mein Trainer hat uns geraten, mehr für unsere gesunde Ernährung zu tun. Daher versuche ich gerade mir anzugewöhnen, öfter gesund zu kochen. Gerade habe ich ein Fischrezept rausgesucht. Fisch habe ich früher gerne und oft gegessen.

M18 Max

4. Sammelt typische Rezepte aus anderen Ländern. Bereitet einige Speisen zu (Beispiel **M16**).

5. Beschreibe Merals und Max' Lebensstil (**M17**, **M18**). Wodurch ist ihr Lebensstil besonders geprägt?

6. Versuche, deinen eigenen Lebensstil zu darzustellen. Schreibe dazu einen persönlichen Steckbrief.

Hilfreiche Stichpunkte:
- Was beeinflusst zurzeit meinen Lebensstil (Mode, Vorbilder, Sport …)?
- Was ist mir im Alltag besonders wichtig?
- Wofür gebe ich viel Geld aus?
- Was beeinflusst meine Ernährung?
- Wie stelle ich mir meine Zukunft vor?
- Wie möchte ich Familie und Beruf in Einklang bringen?
- Wie beeinflusst mich meine Familie, die Kultur in der ich lebe, meine religiösen Hintergründe?

4 Methode
Rollenspiel

Vater: Ich würde gerne mal wieder einen netten Abend mit meiner Frau verbringen! Leider gibt es nach der Arbeit noch immer so viel zu erledigen …

Mutter: Manchmal wünsche ich mir eine Putzfrau, damit ich nach meiner Arbeit im Büro zu Hause einfach die Füße hochlegen kann.

Kind 1: Ständig muss ich im Haushalt helfen. Stinkt mir gewaltig, so viel Freizeit habe ich nun auch wieder nicht!

Kind 2: Ich helfe meiner Mutter gerne, dann hat sie mehr Zeit für mich.

M19 Verschiedene Lebensweisen – verschiedene Bedürfnisse

Bei einem Rollenspiel versetzt man sich in eine andere Person und kann dadurch die Gedanken oder das Verhalten besser nachvollziehen. Außerdem könnt ihr ausprobieren, wie ihr euch z. B. in Konflikten verhaltet.

So geht's:

Planung/Vorbereitung

1. Teilt eure Klasse in Gruppen mit vier Schülern/Schülerinnen ein.
2. Überlegt, um welches Problem bzw. Thema es in dem Rollenspiel gehen soll, z. B. Aufräumen im Haushalt **M19**.
3. Sucht euch eine Rolle aus, die ihr übernehmen möchtet. Schreibt einen Steckbrief.
   Beispiel:
   - Name: *Vanessa*
   - Alter: *16 Jahre*
   - Beruf: *Schülerin*
   - Problem/Bedürfnis: *Im Haushalt helfen ist doof/Freunde treffen ist wichtiger*
   - Sonstiges: *kleine Schwester soll im Haushalt helfen*
4. Probt das Rollenspiel.

Durchführung

5. Spielt das Rollenspiel euren Mitschülern/Mitschülerinnen vor.

Auswertung / Reflexion

❻ Zuerst erzählen die Rollenspieler, wie es ihnen beim Spielen ergangen ist.

❼ Die Mitschüler/Mitschülerinnen beschreiben das Verhalten der einzelnen Personen.

❽ Wertet das Rollenspiel gemeinsam aus. Gab es eine Lösung für den Konflikt? Gibt es eine alternative Lösung?

Ideen für Rollenspiele:

- Eltern möchten, dass Robin abends weniger weggeht, da seine Leistungen in der Schule schlechter geworden sind.
- Familie fliegt in die Türkei in Urlaub. Der Vater möchte unbedingt Bratwurst mit Pommes frites essen.
- Schülerin möchte bei „Germany's next Top Model" mitmachen – ihre Eltern möchten das nicht.
- Sohn der Familie spielt in der A-Jugend Fußball und möchte sich mit Power-Nahrung fit machen.
- Tochter hat Vortrag über Vegetarismus gehört und will kein Fleisch mehr essen.

4

4.6 Überprüfe dich selbst

Seite 92

❶ Was ist der Unterschied zwischen Fast Food und Slow Food?

Seite 93

❷ Nenne für die Oberbegriffe Fast Food, Slow Food, Convenience Food und Light-Produkte jeweils mindestens zwei Beispiele.

Seite 96

❸ Erkläre Functional Food mit eigenen Worten.

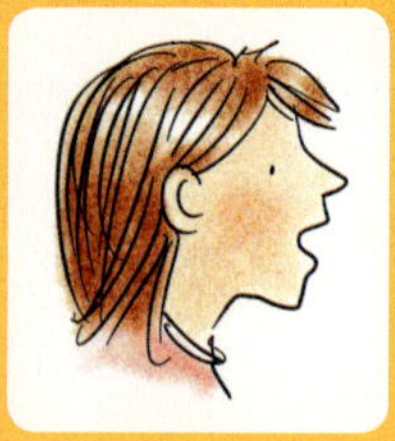

Seite 97

❹ Beurteile die beiden Aussagen.

Seite 98–99

❺ Nenne drei unterschiedliche Ernährungsformen.

Seite 98–99

❻ Entscheide, ob die Aussagen zu den verschiedenen Ernährungsformen richtig oder falsch sind:

a) Nach der Hay'schen Trennkost sollten Fleisch und Kartoffeln immer zusammen verzehrt werden.
b) Veganer essen Eierspeisen und Milch.
c) Bei einer Vollwerternährung soll der Speiseplan vor allem aus pflanzlichen Lebensmitteln bestehen.
d) Auf Zusatzstoffe und Convenience-Produkte wird bei einer vollwertigen Ernährung vollständig verzichtet.

7 Zähle verschiedene Gründe für Diäten auf.

Seite 100

1 Spagetti 2 Crêpes 3 Bauernsalat 4 Fish & Chips
5 Käsefondue 6 Paella 7 Gulasch

a Frankreich b Italien c England d Griechenland
e Ungarn f Spanien g Schweiz

8 Welches Gericht hat seinen Ursprung in welchem Land? Ordne zu.

Seite 104

Wichtige Begriffe aus dem Kapitel:

- Fast Food
- Convenience Food
- Functional Food
- Essgewohnheiten
- Vegetarismus
- Diät
- Lebensstil
- Slow Food
- Vollwertkost

Tauscht euch aus:

- Was fandest du besonders interessant? Gestalte eine Mind-Map mit Themen aus dem Kapitel, die du für dich wichtig findest.
- Hat der Inhalt des Kapitels Auswirkungen auf deine Ernährungsgewohnheiten und deinen Lebensstil? Nenne Beispiele.
- Gibt es eine Ernährungsform, von der du gehört hast und die du gerne noch kennenlernen möchtest?

5 Ökonomie, Ökologie und Soziales

Online-Link
006575-0111

Das lernst du in diesem Kapitel:

- über die unterschiedlichen Bedürfnisse von Personen nachzudenken, die in einem Haushalt zusammenleben
- wie ein gutes Zeitmanagement dir deinen Alltag erleichtern kann
- was es alles bei einer eigenen Wohnung zu beachten gibt
- Haushaltskosten zu planen und eine Buchführung zu machen
- einzuschätzen, was du dir leisten kannst

Wusstest du schon, dass …

- ca. 850 000 Jugendliche in Deutschland verschuldet sind?
- man mit einem guten Zeitmanagement mehr Freizeit hat?

Zentral gelegene EG-Whg, 5 Zi., 100 m², mit Garten, KM 790 Euro, Tel.: 0176/53772592

Haushaltsbuch Sabine (15)

Datum	Einnahmen	Ausgaben
01.05.	80,-	
03.05.		8,- Lippgloss
05.05.		16,- Kino + Popcorn
10.05.		15,- Aufladen Handykarte
15.05.		30,- Hose + Bluse
		…

Ideen für Projekte

- Plant eine Abschlussfahrt unter Berücksichtigung eines selbst aufgestellten Finanzierungsplans.
- Plant eine Klassenrenovierung mit genauer Kostenaufstellung.

5

5.1 Haushaltstypen

1.

„Wenn ich mittags nach Hause komme, sitzen meine jüngeren Geschwister bereits mit meinen Großeltern und meiner Mutter beim Mittagessen. Wenn unser Vater genug Zeit hat, kommt er auch hinzu. Wir sind immer eine große Runde."

(Maria, 17 Jahre, Schülerin)

2.

„Das Mittagessen bereiten meine Schwester und ich uns immer alleine zu, weil unsere Eltern beide berufstätig sind. Abends essen wir aber alle gemeinsam."

(Markus, 16 Jahre, Schüler)

3.

„Seit ich meine Ausbildung als Bürokauffrau angefangen habe, esse ich mittags im Büro. Am Abend mache ich mir nur eine Kleinigkeit – ich finde, kochen nur für eine Person lohnt sich nicht."

(Laura, 18 Jahre, Auszubildende)

4.

„Essenszeiten und geregelte Mahlzeiten gibt es bei uns nicht.
Zwei aus unserer Familie studieren und die anderen beiden sind in der Ausbildung.
Da wir alle einen unterschiedlichen Tagesablauf haben, essen wir meistens getrennt."

(Emilio, 20 Jahre, Student)

1. Finde Oberbegriffe für diese Haushaltstypen, z. B. Einzelhaushalt.
2. Vergleicht eure Ergebnisse in Partnerarbeit. Einigt euch auf einen Oberbegriff.
3. Stellt eure Ergebnisse in der Klasse vor. Was fällt euch auf?
4. Ordne deinen eigenen Haushalt ein.

Verschiedene Familientypen

M1 Familientypen

– traditionelle Familie	– Single
– nicht eheliche Lebensgemeinschaften (mit und ohne Kinder)	
– allein erziehender Vater	– allein erziehende Mutter
– Wohngemeinschaft	– Großfamilie
– *Patchworkfamilie*	– Doppelverdienerfamilie
– Wochenendfamilie	– Wochenendbeziehung

Glossar
Seite 168 ff.

5 Sortiere die verschiedenen Familientypen aus dem Kasten den Abbildungen von M1 zu.

6 Vergleicht eure Ergebnisse in Partnerarbeit.

7 Diskutiert in der Gruppe, welche Bedürfnisse die unterschiedlichen Familientypen haben.

5

5.1 Haushaltstypen

Verschiedene Bedürfnisse

Bedürfnisse in der Familie

Die Familie, egal in welcher Form, übernimmt eine wichtige Rolle in der Gesellschaft. Sie übernimmt das Aufziehen und die Erziehung der Kinder und damit auch die Vermittlung von Normen und Werten, die für eine Gesellschaft grundlegende Bausteine sind. In einer Familie leben und wirtschaften Menschen zusammen. Hierbei spielen die sozialen und wirtschaftlichen Bedürfnisse eine große Rolle.

In einem Familienhaushalt werden unterschiedliche Bedürfnisse befriedigt, wie z. B. das Bedürfnis nach Kleidung, Nahrung und einer Wohnung. Diese Bedürfnisse nennt man **Grundbedürfnisse**. Zu den Grundbedürfnissen gehören auch soziale Kontakte und die Zuwendung und Liebe anderer Menschen. ***Grundbedürfnisse*** müssen erfüllt werden, damit Menschen gesund und zufrieden leben können.

Glossar
Seite 168 ff.

Genauer betrachtet sind Bedürfnisse jedoch sehr individuell, z. B. hat jeder eine eigene Meinung darüber, welches Gericht gut schmeckt oder welche Kleidung modisch ist. Darüber hinaus gibt es Bedürfnisse, die nicht jeden Tag befriedigt werden müssen oder die kompromissfähig sind. Beim Thema Freizeit zum Beispiel geht jeder seinen eigenen Wünschen nach, aber es werden auch Kompromisse innerhalb einer Familie geschlossen. Einige dieser Freizeitvergnügen kosten Geld und sind von daher nicht für jeden jederzeit ausführbar.

Bedürfnispyramide

Vor über 50 Jahren hat sich der amerikanische Psychologe Abraham Harold Maslow Gedanken über die Bedürfnisse der Menschen gemacht und ein einfaches **Modell** dazu entwickelt. Es gleicht einer Pyramide und veranschaulicht die Bedürfnisse der Menschen in **5 Stufen**.

Maslow hat die Theorie aufgestellt, dass der Mensch die Stufen der ***Bedürfnispyramide*** nacheinander befriedigt. Die breiteste Stufe ganz unten nehmen die Grundbedürfnisse ein. Die zweite Stufe beinhaltet das Bedürfnis nach Sicherheit und Schutz. Auf der dritten Stufe ist das Bedürfnis nach sozialen Beziehungen angesiedelt, darauf folgt die Stufe der sozialen Anerkennung. Die fünfte und kleinste Stufe betitelt Maslow mit dem Bedürfnis nach Selbstverwirklichung.

❶ Lies den Text. Skizziere danach die Bedürfnispyramide nach Maslow. Schreibe die Namen der Stufen neben die Pyramide.

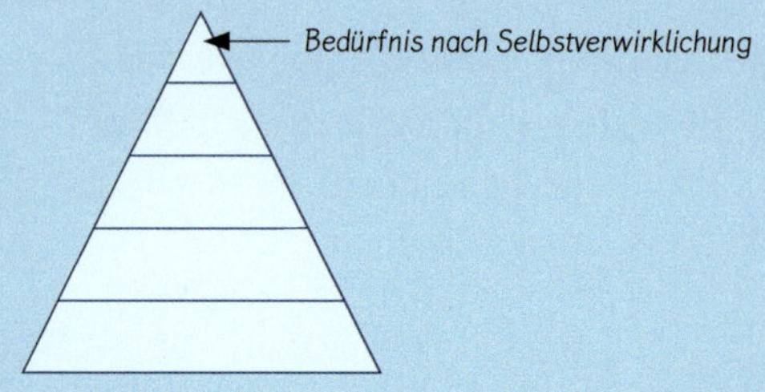

❷ Sortiere in Partnerarbeit die Begriffe im Kasten den jeweiligen Stufen zu.

Kunst Essen Liebe Schlaf
Auszeichnung Freundschaft Karriere
Fürsorge Wärme Gesetze Ordnung
Individualität

M2 Familie Sauer

M3 Familie Peters

3 Sieh dir die beiden Familien auf **M2** und **M3** an. Erstelle dann mit einem Partner/einer Partnerin eine Tabelle über die Pflichten und Bedürfnisse der jeweiligen Familienmitglieder.

	Haushaltspflichten	*Bedürfnisse/Wünsche*
Vater *Mutter* *Sohn* *Tochter*		

4 Erstelle eine solche Tabelle zu deiner Situation zu Hause.

5 Vergleicht in der Klasse eure Tabellen. Was müsst ihr im Haushalt machen, welche Bedürfnisse habt ihr?

6 Sucht Lösungen, um Pflichten und Wünsche in Einklang zu bringen. Beachtet, dass jeder seinen Beitrag im Haushalt leisten sollte.

7 Informiert euch, z. B. im Internet, welche Rechte und Pflichten Kinder und Erwachsene haben.

5

5.2 Wohnen

Wohnungsbedürfnisse

M4 Michael Sauer — Anja Sauer — Sabine Sauer — Peter Sauer

Familie Sauer will umziehen, da ihnen ihre alte Wohnung zu klein ist.

Außerdem hat Frau Sauer kein eigenes Auto und muss alltägliche Besorgungen mit dem Bus erledigen, sie würde lieber zentraler wohnen.

Familie Sauer setzt sich am Sonntag zusammen und fertigt eine Wunschliste an. Danach gehen die Familienmitglieder die Wohnungsanzeigen der örtlichen Zeitungen durch.

Michael Sauer, 43 Jahre, Systemelektroniker:
Die Wohnung sollte mindestens 5 Zimmer haben, damit wir endlich einmal ein Gästezimmer oder Büro haben. Mehr als 800 Euro kalt sollte sie aber nicht kosten. Laminat oder Parkett wären toll, dann könnten wir die Kosten für einen neuen Teppichboden sparen.

Anja Sauer, 40 Jahre, Hausfrau:
Unsere neue Wohnung sollte auf jeden Fall mitten in der Stadt sein, damit ich nicht mehr Bus fahren muss. Außerdem hätte ich gerne einen großen Balkon oder ein Stück Garten. Südlage wäre daher auch nicht schlecht, damit wir immer schön Sonne haben.

Sabine Sauer, 16 Jahre, Schülerin:
Ich hätte gerne ein eigenes Zimmer, damit ich öfter Freundinnen zum Übernachten einladen kann. Aber ein Zimmer im Dachgeschoss finde ich nicht so gut, da kann man so schlecht Schränke hinstellen.

Peter Sauer, 13 Jahre, Schüler:
Die neue Wohnung sollte auf jeden Fall nicht so weit vom Fußballplatz entfernt sein. Auch zur Schule möchte ich gerne weiter mit dem Rad fahren. Eine Multifunktionsdusche im Bad wäre auch nicht schlecht.

1. Erstellt in der Gruppe eine Wunschliste für Familie Sauer anhand der Informationen aus dem Text.
2. Welche Wohnungsanzeige M5 käme für Familie Sauer infrage? Vergleiche mit der Wunschliste.

Wohnungsanzeigen

Zentral gelegene EG-Whg, 5 Zi., 100 m², mit Garten, KM 790 Euro, Tel.: 0176/53772592

105-m²-Whg. in der City, 6 Zi., Balkon, Laminat, KM 760 Euro, Immobilien Schneider, 0161/44953887

M5 Wohnungsanzeigen

Begriffserklärung und Abkürzungen von Wohnungsanzeigen

EG	= Erdgeschoss	WG	= Wohngemeinschaft
OG	= Obergeschoss	NK	= Nebenkosten
DG	= Dachgeschoss	KM	= Kaltmiete
EBK	= Einbauküche	WM	= Warmmiete
KDB	= Küche, Diele, Bad	TG	= Tiefgarage
Du.	= Dusche	ZH	= Zentralheizung
NR	= Nichtraucher	HK	= Heizkosten
Wfl.	= Wohnfläche	FBH	= Fußbodenheizung
Whg.	= Wohnung	MM	= Monatsmieten
Kaut.	= Kaution	NSP	= Nachtspeicher

3 Übersetze die Wohnungsanzeigen in einen Fließtext. Beachte dabei die Erklärungen der Abkürzungen im Kasten unter den Wohnungsanzeigen.

4 Vergleicht eure Ergebnisse in Partnerarbeit.

5 Schreibe eine Wohnungsanzeige für die Wohnung, in der du lebst.

5.2 Wohnen

Eine Wohnung mieten

Der (Die) Vermieter ______________________________
wohnhaft in ______________________________
und der (die) Mieter ______________________________
schließen folgenden Mietvertrag:

§ 1 Mieträume

1. Im Hause ______________________________
(Ort, Straße, Haus-Nr., Etage)
werden folgende Räume vermietet:
____ Zimmer, ____ Küche/Kochnische, ____ Bad/Dusche/WC, ____ Bodenräume/Speicher Nr.: ____,
____ Kellerräume Nr.: ____
____ Garage/Stellplatz Nr.: ____, ____ Garten, ____ gewerblich genutzte Räume
2. Der Mieter ist berechtigt, Waschküche, Trockenboden/Trockenplatz, ______________ gemäß der Hausordnung mitzubenutzen.
3. Dem Mieter werden vom Vermieter für die Mietzeit ausgehändigt:
____ Haus-, ____ Wohnungs-, ____ Zimmer-, ____ Boden-/Speicher-, ____ Garagenschlüssel

M6 Mietvertrag

Glossar
Seite 168 ff.

Nach mehreren Besichtigungsterminen entscheidet sich Familie Sauer für eine Wohnung. Alle freuen sich und machen Pläne für den bevorstehenden Umzug. Herr Sauer ermahnt seine Familie. Seiner Meinung nach muss erst der Mietvertrag eingehend auf Vollständigkeit und Richtigkeit überprüft werden. Erst dann kann jeder seine Wünsche äußern, die jedoch das Haushaltsbudget nicht übersteigen dürfen.

Der ***Mietvertrag*** regelt die Rechte und Pflichten des Vermieters und des Mieters. Im Falle von Streitigkeiten zwischen den Parteien kann der Mietvertrag hilfreich sein. Wichtig sind folgende Angaben:

- Name und Adresse von Vermieter und Mieter
- Aufzählung der Räume und die Größe der Wohnung (m^2)
- Mietzeit (befristet oder unbefristet) und Kündigungsfrist
- Angaben zu zusätzlichen Räumen wie Garage oder Keller
- Angaben der Kaltmiete und der voraussichtlichen Nebenkosten
- Angaben zur ***Kaution***zahlung
- Vereinbarung zur Instandhaltung der gemieteten Räume (Anstrich in geregelten Abständen)
- Regelung zur Benutzung von Gemeinschaftsräumen (z. B. Waschküche)
- Bestimmungen zur Hausordnung (Tierhaltung etc.)

Der Mietvertrag sollte im Vorfeld genau gelesen und erst dann unterschrieben werden. Im Falle von Unstimmigkeiten oder Fragen kann sich jeder Mieter an Mieterschutzverbände wenden. Diese gibt es in jeder größeren Stadt. Dort gibt es Fachleute, die jedem für einen geringen Jahresbeitrag alle Fragen beantworten und auch in rechtlichen Dingen Unterstützung geben.

Mietverträge
Seite 167

1 Informiere dich im Internet, welche Formen von Mietverträgen du kostenlos herunterladen kannst. Drucke zwei Beispiele aus.

Tipp:
Mieterschutzverbände und Verbraucherzentralen bieten diesen Service an.

2 Markiert in Partnerarbeit die oben genannten wichtigen Angaben, die ein Mietvertrag enthalten sollte.

3 Vergleicht die Mietverträge in Gruppenarbeit. Worin unterscheiden sie sich?

Eine Wohnung einrichten

Nachdem der Mietvertrag unterschrieben ist, setzt sich Familie Sauer zusammen, um eine Liste mit Wünschen für die neue Wohnung zu erstellen. Im Ganzen hat Familie Sauer ein ***Budget*** von 6 000 Euro.

Glossar
Seite 168 ff.

M7 Wünsche und Kosten auflisten

4 Erstellt in Partnerarbeit eine Tabelle mit Einnahmen und Ausgaben von Familie Sauer. Was fällt euch auf?

5 Beurteilt die Tabelle und entscheidet, welche Ausgaben unbedingt nötig sind und worauf verzichtet werden kann.

6 Informiere dich im Internet über die Begriffe **Courtage**, **Provision** und **Kaution**. Worin unterscheiden sie sich?

Mietverträge
Seite 167

5

5.2 Wohnen

Räume planen

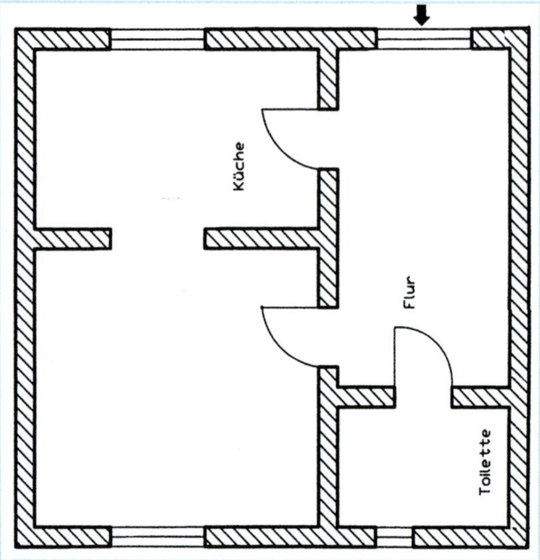

M8 Beispiel: Grundriss einer Wohnung

	Schreibtisch 1,00 × 0,70 m		Stuhl 0,45 × 0,45 m
	Kleiderschrank 1,20 × 0,60 m		Sessel 0,65 × 0,65 m
	Bett 1,00 × 2,00 m		Sofa 1,20 × 0,70 m
	Kommode 0,50 × 0,70 m 0,60 × 0,70 m 0,80 × 0,35 m		Tisch 1,20 × 0,80 m 0,80 × 0,80 m
	Doppelbett 2,00 × 2,00 m		Schrank 1,20 × 0,65 m

M9 Einrichtungssymbole

Nachdem Familie Sauer einen genauen Kostenplan für ihre Ausgaben erstellt hat, macht sie sich daran, die Wohnung theoretisch einzurichten, damit der Umzug schnell und problemlos klappt.

Um diese theoretische Planung vornehmen zu können, benötigt man einen Grundriss der Wohnung M8. Den kann man in den meisten Fällen vom Vermieter bekommen. Wenn das nicht der Fall sein sollte, muss man sich einen Grundriss selbst erstellen, indem man die einzelnen Räume ausmisst und auf einer Skizze maßstabsgetreu festhält.

Tipp:
Achtet bei eurer Skizze darauf, die Türen, inklusive Öffnung nach innen oder außen, und Fenster einzuzeichnen. Berücksichtigt auch Heizungen und Küchenanschlüsse.

Um eine Wohnung modellhaft einzurichten, gibt es standardisierte Symbole M9. Der Grundriss der Wohnung und die Symbole müssen im gleichen Verkleinerungsmaßstab abgebildet sein.

In jeder Wohnung gibt es verschiedene **Funktionsbereiche**, die unterschiedliche Bedürfnisse erfüllen:

- Kommunikationsbereich (Unterhaltungen führen, sich austauschen …)
- Individualbereich (Rückzug, ungestörtes Arbeiten, Hobbys nachgehen, schlafen …)
- Haustechnischer Bereich (Nahrungszubereitung, Wäscheversorgung, Körperpflege …).

1. Nimm den Grundriss von M8 als Beispiel. Überlege, wie du dir diese Wohnung einrichten würdest.
2. Miss einen Raum in deiner Wohnung aus und stelle ihn maßstabsgetreu (1:50) mit Symbolen M9 dar.
3. Diskutiert in Partnerarbeit, wo sich Kommunikationsbereiche, Individualbereiche und haustechnische Bereiche befinden. Welche Einrichtungsgegenstände kennzeichnen diese Bereiche?

Einen Umzug planen

Damit Familie Sauer besser planen kann, hat der Vater eine Checkliste zum Umzug erstellt. Alle Punkte, die bereits erledigt sind, werden darauf abgehakt, sodass man eine Kontrolle über alles hat, was noch organisiert werden muss.

CHECKLISTE ZUM UMZUG

1. Wohnungsübergabe mit Vermieter festlegen ☐
2. Umzugsunternehmen festlegen (bzw. Umzugshelfer suchen), Umzugstag und -uhrzeit bestimmen ☐
3. Eventuell Sperrmüll bestellen ☐
4. **Nachsendeantrag bei der Post einreichen** ☐
5. **Ummeldung** ☐
6. Zählerstände (Gas, Wasser etc.) ablesen ☐
7. Adressänderung an Freunde und Bekannte durchgeben ☐

M10 Umzug

Tipp:
Die **fett** gedruckten Punkte sind sehr wichtig bei einem Umzug!

❹ Überlegt in Partnerarbeit, warum die Punkte auf der Checkliste besonders wichtig sind. Macht euch Notizen.

❺ Informiere dich über das Einwohnermeldeamt, wie man sich ummeldet.

❻ Informiere dich bei der Post über einen Nachsendeantrag (Kosten, Laufzeit etc.).

❼ Vergleicht eure Ergebnisse.

Ummeldung
Seite 167

5 Methode

Internetrecherche

Wohnungssuche im Internet

Hier findet ihr einen Leitfaden für die Wohnungssuche im Internet.

So geht's:

Immobilien Seite 167

1. Wähle im Internet eine Suchmaschine für Immobilien an.
2. Gib die Stadt ein, in der du gerne wohnen möchtest.
3. Gib einen bestimmten Stadtteil an oder gib eine maximale Entfernung vom Ausgangspunkt in Kilometern an.
4. Gib jetzt weitere Suchkriterien für deine Wohnung ein, z. B. Größe, Miete.
5. Gehe jetzt auf den Button **Ergebnisse**. Wenn dir eine Wohnung gefällt, dann klicke sie an, um nähere Informationen zu erhalten.

Tipp:
Wenn du zu viele Angebote gefunden hast, kannst du deine Suche auch verfeinern und die Ergebnisse einschränken.

M11 Wohnungssuche im Internet

Übung:

Tanja und Sabine beginnen ihre Ausbildungen in der gleichen Stadt. Um Geld zu sparen, beschließen sie zusammenzuziehen und suchen eine gemeinsame Wohnung.

Voraussetzungen dafür sind:

- Jede benötigt ein eigenes Zimmer.
- Jede kann höchstens 250 Euro Miete zahlen.
- Die Wohnung sollte in der Stadt liegen.
- Ein Balkon wäre gut, aber keine Bedingung.

Hilf den beiden bei ihrer Suche.
Wähle im Internet eine Immobilienseite an und beantworte folgende Fragen.

Immobilien Seite 167

a) Wie viele passende Wohnungen finden Tanja und Sabine in deiner Stadt?

b) Wie viele Wohnungen könnten sich die beiden ansehen, wenn sie auf den Balkon verzichten würden?

c) Suche für die beiden die günstigste Wohnung mit Balkon heraus. Schreibe zusätzliche Informationen dazu, wie z. B.
   - Adresse,
   - Vermieter,
   - Kaltmiete.

5

5.3 Zeitmanagement

M12 Tagesablauf von Fabian

M13 Tagesablauf von Herrn Meier

1. Sieh dir die Abbildungen M12 und M13 an. Was fällt dir auf? Sammelt eure Anmerkungen an der Tafel.

2. Beschreibt, worin die Unterschiede der beiden Tagesabläufe bestehen. Stellt Vermutungen an, warum dies so ist.

3. Erstelle eine ähnliche Liste zu deinem eigenen Tagesablauf. Mache dir Notizen neben die Uhrzeiten.

4. Übertrage die Abbildung M14 in dein Heft. Fülle den äußeren Ring mit verschiedenen Farben und erkläre ihre Bedeutung.

Verschiedene Tagesabläufe

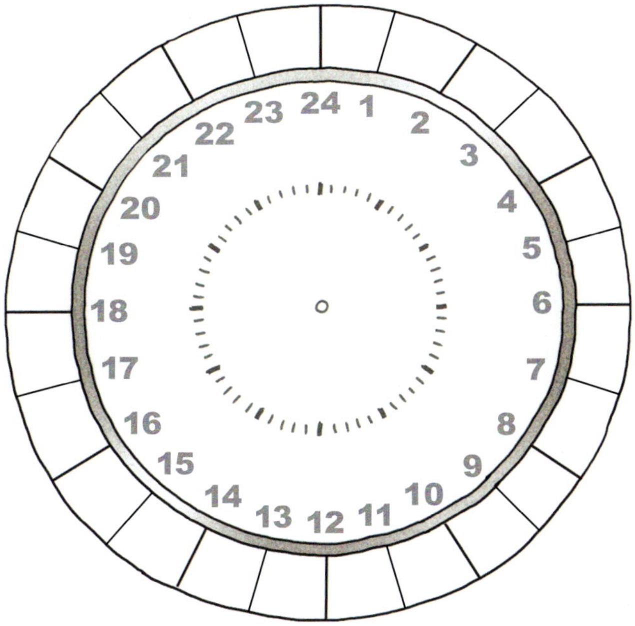

M14 Zeitprotokoll – Tagesablauf

Menschen haben unterschiedliche Tagesabläufe. Wenn man eine Ausbildung beginnt oder bereits arbeitet, ist es wichtig, ein gutes **Zeitmanagement** zu haben, um den Tag und seine Stunden sinnvoll nutzen zu können und viel zu schaffen.

Du wirst merken, dass du nicht mehr so frei über deine Zeit verfügen kannst, wie du es jetzt als Schüler/Schülerin gewohnt bist.

Aber nicht erst im Berufsleben, sondern auch in der Schulzeit ist eine gute Tagesplanung nützlich. Dein persönliches Zeitprotokoll ist die Grundlage dafür.

Beispiel für die Farbgebung des äußeren Rings:
23–6 Uhr Schlaf = blau
6–7 Uhr Frühstuck = gelb
8–13 Uhr Schule = grün
...

5. Erstelle die Abbildung noch einmal für den Tagesablauf eines anderen, z. B. Vater oder Mutter.

6. Vergleicht in der Klasse, worin sich die Tagesabläufe unterscheiden. Sprecht über die unterschiedlichen Bedürfnisse.

7. Überlege, wo sich in deinem Alltag „Zeitdiebe“ und „Zeitfenster“ verstecken. Mache dir zu beiden Punkten Notizen.

8. Finde Möglichkeiten und Lösungen, wie du deine Zeit besser nutzen kannst. Tausche dich dazu in Partnerarbeit aus.

5

5.4 Haushaltsplanung und Haushaltsbuchführung

Das Budget

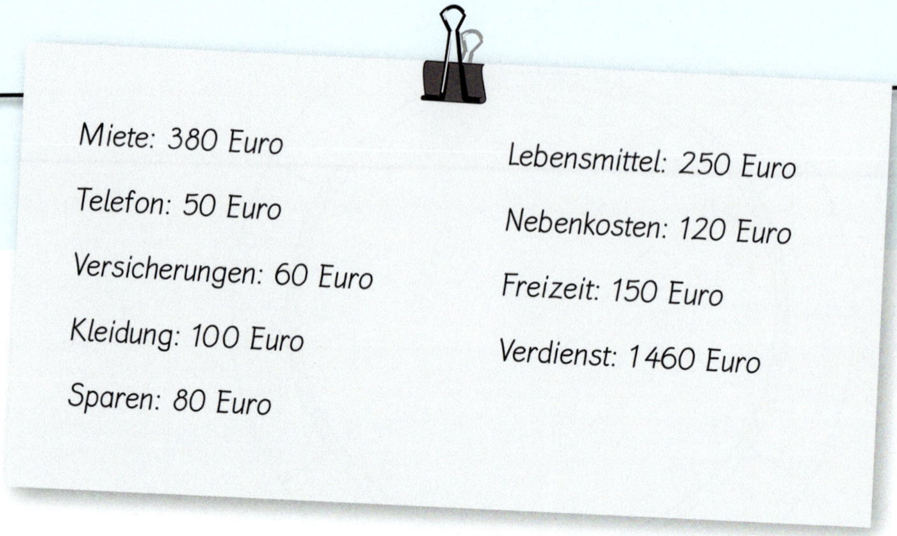

Anja und Thorsten sind zusammengezogen. Beide möchten gemeinsam für ihren Haushalt aufkommen. Schon im ersten Monat gibt es Streit ums Geld. Thorsten findet, dass Anja zu viel Geld für den Haushalt ausgegeben hat. Damit solche Streitereien in Zukunft vermieden werden können, setzen sich die beiden am Abend zusammen, unterhalten sich über ihr ***Budget*** und erstellen einen Haushaltsplan.

Glossar
Seite 168 ff.

Auf dem Notizzettel siehst du, was Anja und Thorsten gemeinsam im Monat verdienen und was sie gemeinsam ausgegeben haben.

1. Erstelle eine Tabelle mit den Einnahmen und Ausgaben für Anja und Thorsten. Was sind feste Kosten und was sind veränderbare Kosten?
2. Erstelle eine Tabelle mit deinen Einnahmen und Ausgaben für eine Woche.
3. Stelle fest, wofür du am meisten Geld ausgegeben hast. Wo könntest du etwas einsparen?
4. Vergleicht eure Ergebnisse in Gruppenarbeit und stellt Gemeinsamkeiten heraus.

Die Haushaltsbuchführung

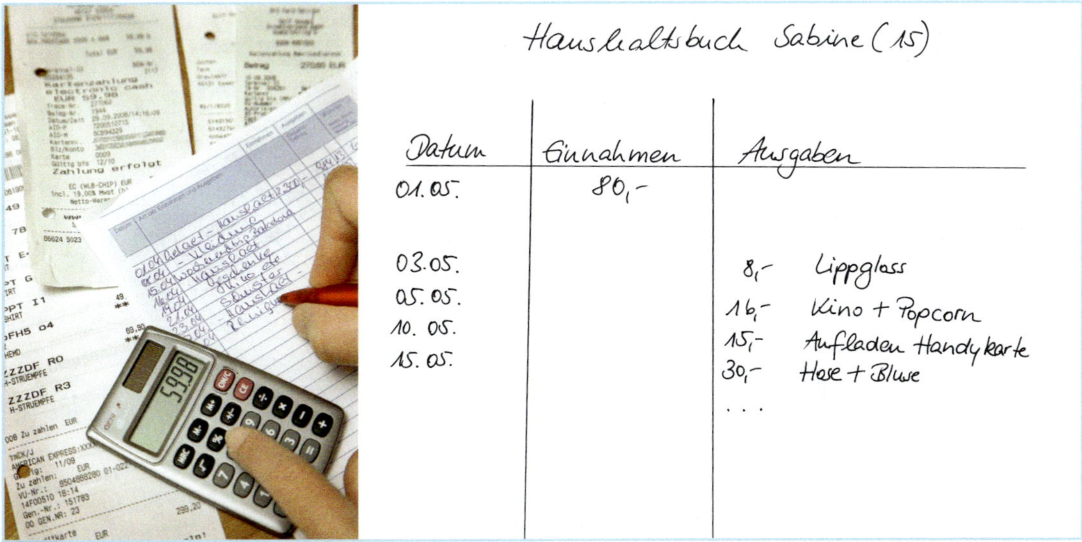

M15 Haushaltsbücher (gekauft oder selbst erstellt)

Das Einkommen für einen Haushalt muss erarbeitet werden. Anja und Thorsten sind beide in der Ausbildung zur Bürokauffrau bzw. zum Bürokaufmann. Damit erwerben sie ihr Einkommen.

Die Höhe des jeweiligen Einkommens entscheidet darüber, was man im Monat für seinen Lebensunterhalt ausgeben kann. Das Einkommen verwendet man für Miete, Lebensmittel, Strom, Heizung, Versicherungen, Kleidung und Freizeit.

Erst nach einer genauen Aufstellung von Einkommen und Ausgaben, bekommt man einen genauen Überblick über seine finanzielle Situation.

Bei den Ausgaben lassen sich feste und veränderbare Kosten unterscheiden.

Besonders wichtig sind bei den festen Kosten die regelmäßigen Zahlungen. Manche sind monatlich fällig (Miete), andere, wie z. B. die Versicherungen, werden häufig nur jedes halbe Jahr oder sogar nur einmal pro Jahr bezahlt. Daher sollte man sich für einen guten Überblick eine Monats- aber auch eine Jahresaufstellung seiner Kosten machen, um nicht von unberücksichtigten Kosten überrascht zu werden.

5. Sieh dir die Beispiele der Haushaltsbücher an **M15**. Würdest du ein gekauftes oder ein selbst erstelltes Haushaltsbuch bevorzugen? Begründe deine Meinung.
6. Schreibt die Vor- und Nachteile eines *Haushaltsbuches* auf Karten.
7. Präsentiert eure Ergebnisse an der Tafel.
8. Diskutiert, welche Punkte überwiegen. Begründet, warum das so ist.

Glossar
Seite 168 ff.

5

5.5 Finanzierungsmöglichkeiten

Sparen – Kurzfristige Geldanlagen und deren Verfügbarkeit

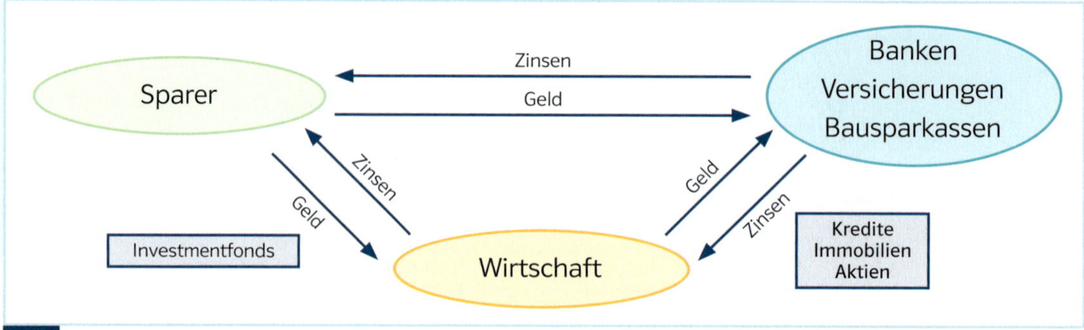

M16 Wirtschaftsdreieck

Omas Sparstrumpf

Petra: Hallo Oma, alles o.k. bei dir? Ich komme gerade von meiner Bank.

Oma: Hast du wieder Geld abgeholt?

Petra: Nein, im Gegenteil, ich habe mich beraten lassen, wie ich mein gespartes Geld am besten anlegen kann, z.B. in Fonds oder Aktien.

Oma: Davon habe ich keine Ahnung! Ich trau den Bankleuten auch nicht und habe meinen Sparstrumpf lieber unter der Matratze.

Petra: Aber Oma, das ist aber sehr altmodisch! So bekommst du doch gar keine Rendite.

Oma: Das ist mir egal! Sicher ist sicher.

Gelder, die zu den Kreditinstituten gebracht werden, sind eine Grundvoraussetzung für die Vergabe von Krediten. Kredite wiederum sind unverzichtbare Voraussetzungen für Investitionen und das Wirtschaftswachstum. „Omas Sparstrumpf" bleibt für die Entwicklung der Volkswirtschaft ohne Wirkung, da man mit dem „stillgelegten" Geld nicht arbeiten kann.

Sparformen

Welche Sparformen ein Sparer wählt, hängt von verschiedenen Faktoren ab.

1. Verfügbarkeit
2. Sicherheit
3. Rendite (Ertrag)

1. Klärt schwierige Begriffe wie Fonds, Aktien, Rendite.
2. Nenne Vor- und Nachteile von Omas Sparstrumpf. Beziehe dabei Abbildung M16 mit ein.
3. Welche Sparformen kennt ihr? Sammelt sie an der Tafel.
4. Teilt euch in Gruppen ein (ca. 4 Schüler). Jede Gruppe übernimmt eine Sparform.
5. Jede Gruppe erstellt eine Wandzeitung über die wichtigsten Informationen zu der gewählten Sparform.
6. Stellt diese Wandzeitung eurer Klasse vor.

M17 Das Sparbuch – eine Möglichkeit zu sparen

Als Faustregel gilt: Jeder Geldanleger sollte seinen persönlichen **Vermögensstand**, seine **Sparfähigkeit** und seine **Sparziele** ermitteln und beachten, dass jede Anlageart ihre besonderen Eigenheiten hat.

Hauptsächlich kann man folgende Sparformen unterscheiden:

1. Sparbuch M17
2. Sparbriefe
3. Termingeldeinlagen
4. Bausparen
5. Versicherungssparen
6. Investmentanteile
7. Festverzinsliche Wertpapiere
8. Aktien

Außerdem:
Immobilien, Edelmetalle (Gold), sonstige Wertgegenstände (Schmuck, Kunstgegenstände); die Anlagemotive hierbei liegen in der Anschaffung von Sachwerten und der Spekulation auf eine Wertsteigerung

Sparbuch

Das Sparbuch ist immer noch die beliebteste Sparform der Bundesbürger. Hierbei eröffnet man ein Konto und bekommt als Urkunde von seiner Bank ein Sparbuch. Darin werden alle Einzahlungen und Abbuchungen, sowie der aktuelle Kontostand eingetragen. In der Regel haben Sparkonten eine dreimonatige Kündigungsfrist. Der Sparer kann recht problemlos über sein Geld verfügen, bekommt aber dafür relativ wenig Zinsen (in der Regel 1–3 %). Die Anlage auf Sparkonten ist nahezu risikolos.

7 Diskutiert das Für und Wider der unterschiedlichen Sparformen. Ergänzt eure Ergebnisse auf den Wandzeitungen.

8 Informiere dich, welche Sparformen am besten für Schüler und welche am besten für Familien geeignet sind.

9 Erkundige dich, wo ein Schüler oder ein Auszubildender ein kostenloses Konto eröffnen kann.

5

5.5 Finanzierungsmöglichkeiten

Schulden

M18 Konsumträume

Erfahrungsbericht von Manuel, 20 Jahre
„Mit 16 Jahren habe ich meine Ausbildung als KFZ-Mechatroniker begonnen. Damit meine Ausbildungsvergütung überwiesen werden konnte, musste ich ein Girokonto eröffnen. Mit 18 Jahren erhielt ich meine eigene ec-Karte sowie einen Dispositionskredit von 500 Euro. Ich habe mir direkt ein neues Mountainbike gekauft und coole Klamotten.

Plötzlich war ich mit über 500 Euro in den Miesen. Der Geldautomat gab mir kein Geld mehr und die Karte wurde eingezogen. Jetzt sagt die Bank, dass ich mein Konto wieder ausgleichen soll. Dabei habe ich aber noch Anschaffungskredite für mein Motorrad und meine Küche laufen. Ich weiß nicht, wie ich das alles zurückzahlen soll. Was hab ich da bloß falsch gemacht?“

Kredite haben immer das Risiko, dass man aus unvorhersehbaren Gründen Schwierigkeiten bei der Rückzahlung bekommen kann.

Es gibt jedoch auch Anschaffungen, die nur über einen Kredit getätigt werden können, wie z. B. ein Hauskauf.

Generell sollte jeder gut überlegen, ob und wofür er einen Kredit benötigt und ob er in der Lage ist, diesen über einen längeren Zeitraum zurückzuzahlen.

1. Diskutiert über den Erfahrungsbericht von Manuel und sucht nach Handlungsalternativen für ihn.

Hilfreiche Stichworte:
- Geldbedarf ermitteln
- Nutzung von Bankkarten
- Vorsicht bei Ratenverpflichtungen

2. Sammelt an der Tafel Argumente für eine Pro-und-Kontra-Diskussion über Kredite.

3. Informiere dich anhand der Tabelle und im Internet über Dispositionskredit, Anschaffungsdarlehen und Hypothekendarlehen. Notiert auch Begriffe, die ihr nicht versteht. Klärt sie gemeinsam.

Kreditarten

Je nachdem, welcher Anlass für eine Finanzierung vorliegt, unterscheidet man bei Privatpersonen folgende Kreditarten:

- Dispositionskredit (kurz: „Dispo")
- Anschaffungsdarlehen
- Hypothekendarlehen

Merkmale	Dispokredit	Anschaffungsdarlehen	Hypothekendarlehen
Zweck	Kurzfristiger Geldbedarf zur Abdeckung von Kontoüberziehungen	Mittelfristiger Geldbedarf zur Finanzierung größerer Anschaffungen wie Autos	Langfristiger Geldbedarf zur Finanzierung von Immobilienkäufen
Kreditaufnahme	Überziehung des Girokontos	Abschluss eines Kreditvertrages und Einrichtung eines besonderen Darlehenskontos	Abschluss eines Kreditvertrages und Einrichtung eines besonderen Darlehenskontos
Laufzeit	Unbefristet	Vertraglich geregelt	Vertraglich geregelt
Tilgung (Rückzahlung)	Durch Ausgleich des Girokontos, in der Regel durch Lohnzahlungen	Feste monatliche Raten	Feste Raten, meist monatlich
Zinsen	Prozentualer Jahreszins vom beanspruchten Kreditbetrag	Prozentualer Monatszins vom gesamten Darlehensbetrag	Prozentualer Jahreszins
Bearbeitungsgebühr	Keine	Meist 2 % vom Kreditbetrag	Je nach Kreditinstitut meist 1–2 % vom Kreditbetrag

❹ Welche Kreditarten sind für Privatpersonen besonders bedeutend?

❺ Erkläre, worin sich Dispositionskredit und Anschaffungsdarlehen unterscheiden.

❻ Worauf solltest du beim Vergleich von Darlehensangeboten achten?

5 Methode

Expertenbefragung zu Finanzierung und Schuldnerberatung

Überlegt in der Klasse gemeinsam, welche Ziele die Expertenbefragung haben soll. Ihr könnt bei allen örtlichen Banken und Verbraucherzentralen anfragen und einen Experten in die Schule einladen. *Schuldnerberatungen* gibt es im Internet, auch dort könnt ihr anfragen, jedoch kommen diese Fachleute aus Zeitgründen nicht immer in die Schulen. Vielleicht wird euch angeboten, eine Schuldnerberatung in eurer Nähe aufzusuchen und eure Fragen dort zu stellen.

Glossar
Seite 168 ff.

So geht's:

Planung

1. Teilt eure Klasse in zwei Gruppen ein. Jeweils eine Gruppe bereitet ein Expertengespräch vor.

Tipp:
Überlegt euch am besten bereits mehrere Termine zur Auswahl.

2. Wählt jemanden aus, der sich telefonisch mit der Institution in Verbindung setzt und einen Termin ausmacht.

3. Bereitet den Tag, an dem ein Experte/eine Expertin euch besucht, gut vor. Erstellt mithilfe eurer Lehrkraft einen Fragebogen.
   - Sammelt Ideen für Themen und Fragen mithilfe einer Mind-Map.
   - Formuliert wichtige Fragen aus.
   - Teilt die Fragen unter euch auf.
   - Wählt einen Schüler/eine Schülerin aus, der die Begrüßung übernimmt und ein paar Worte zum Einstieg sagt.
   - Stellt eurem Besuch einen Tisch und einen Stuhl zur Verfügung.

Durchführung

Auswertung

4. Wertet beide Expertengespräche in der Klasse aus. Sprecht darüber, wie aufschlussreich sie für euch waren.

Zur besseren Vorbereitung hilft euch die Erstellung einer Mind-Map.

Beispiele:

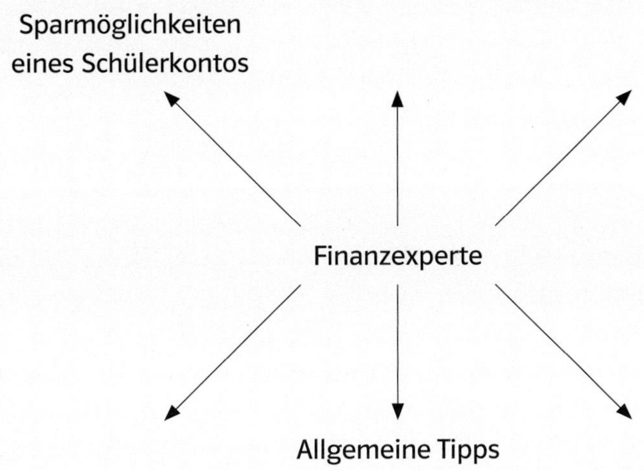

M19 Mind-Map 1: Expertenbefragung

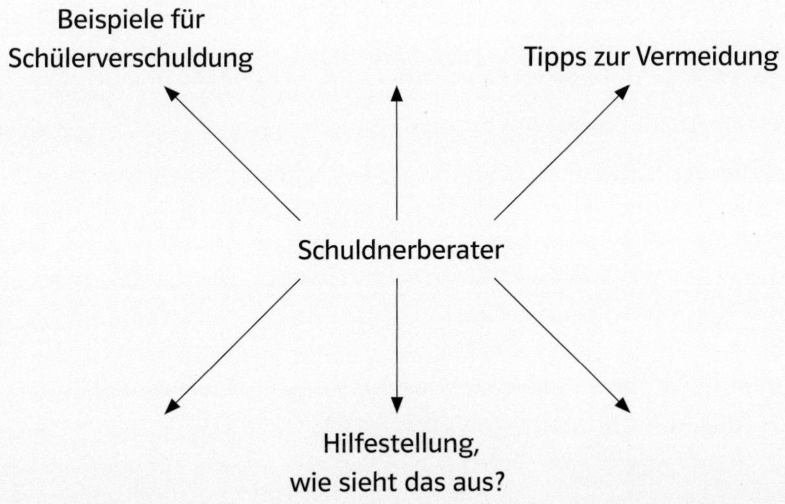

M20 Mind-Map 2: Expertenbefragung

5.6 Überprüfe dich selbst

Seite 114

❶ Zeichne die Bedürfnispyramide nach Maslow.
Gib für jede Stufe ein Beispiel.

City, kl. 2-Zi.-Whg., EBK, 4. OG, 38 m^2 und Keller,
KM 150 Euro + NK, Tel.: 0175/78554225

Seite 117

❷ Schreibe die Wohnungsanzeige in einen Fließtext.
Beachte dabei die Abkürzungen.

Seite 118

❸ Nenne Möglichkeiten, wie du dich über die Rechte des Mieters informieren kannst.

Seite 120

❹ Skizziere einen Wohnraum und verwende dabei Einrichtungssymbole.

Seite 124

❺ Gib mindestens drei Gründe an, warum sich Tagesabläufe von Menschen unterscheiden.

Seite 126

❻ Nenne fünf Beispiele für veränderbare Kosten/Ausgaben im Haushalt.
Wo könntest du am leichtesten etwas einsparen?

7 Warum ist es sinnvoll, ein Haushaltsbuch zu führen? Begründe. Seite 127

8 Welche Sparformen kennst du? Worin unterscheiden sie sich? Seite 128–129

9 Welche Kreditarten kennst du? Worin unterscheiden sie sich? Seite 131

Wichtige Begriffe aus dem Kapitel:

- Courtage
- Kaution
- Patchworkfamilie
- Bedürfnispyramide
- Mietvertrag
- Haushaltsbuch
- Grundbedürfnisse
- Schuldnerberater

Tauscht euch aus:

- Was fandest du besonders interessant? Gestalte eine Mind-Map mit Themen aus dem Kapitel, die du für dich wichtig findest.
- Hat der Inhalt des Kapitels Auswirkungen auf deine Haushaltsplanung oder Kaufentscheidungen? Nenne Beispiele.
- Wo kannst du in deinem Tagesablauf dein Zeitmanagement noch optimieren?

Rezepte

Vorspeisen: Suppen

Helle Basissuppe

Garart: Kochen
Hinweis: vegetarisch

Zutaten	Zubereitung
30 g Fett	erhitzen, nicht bräunen
40 g Mehl	auf einmal in das Fett geben, unter Rühren andünsten
1 l Flüssigkeit (je nach Rezept: Gemüsebrühe, Milch, Sahne, Wasser)	nach und nach dazugeben, dabei ständig rühren, zum Kochen bringen und ca. 10 Min. ausquellen lassen
Salz	hinzufügen
Gewürze	nach Belieben hinzugeben und garnieren

Arbeitsplatz einrichten:
Küchenwaage, Kochlöffel, Messbecher, Kochtopf

Variante 1: Blumenkohlsuppe
Koche einen kleinen Blumenkohlkopf in einem ¾ Liter Salzwasser. Fange das Blumenkohlwasser auf und gib ¼ Liter Milch dazu. Koche die helle Basissuppe mit diesem Blumenkohl-Milch-Wasser. Gib die Blumenkohlröschen hinzu und verfeinere die Suppe mit geriebener Muskatnuss und Zitronensaft. Garniere mit gehackten Kräutern (z. B. Schnittlauch oder Petersilie).

Variante 2: Tomatensuppe
Schneide eine Zwiebel in kleine Würfel und dünste sie in etwas Fett an. Als Flüssigkeit nimmst du einen ¾ Liter Instantbrühe und fügst 500 g passierte Tomaten hinzu. Würze die Suppe mit Salz, Pfeffer, Zucker und Paprikapulver. Garniere mit gehakten Kräutern (z. B. Basilikum, Schnittlauch) oder setze einen Klecks Crème Fraîche in die Mitte.
Als Einlagen eignen sich Reis oder kleine Hackfleischbällchen.

Gemüsebrühe

Garart: Kochen
Hinweis: vegetarisch

Zutaten	Zubereitung
1 Bund Suppengrün, 1 kleine Zwiebel	Gemüse putzen bzw. schälen, grob zerkleinern
30 g Fett, z. B. Öl	erhitzen und das Gemüse darin andünsten
1 ½ l Wasser	auffüllen, salzen und ca. 40–50 Min. garen; zum Schluss die Brühe durch ein feines Sieb geben
Salz	hinzufügen
Gewürze	nach Belieben hinzugeben und garnieren

Tipp:
Wenn es schnell gehen soll, kannst du für eine Gemüsesuppe auch Instant-Brühe oder Brühwürfel verwenden.

Variante: Hühnerbrühe
Füge zur Flüssigkeit ein küchenfertiges Hühnchen hinzu und gare dieses ca. 1 ½ Stunden mit. Danach nimmst du das Hühnchen heraus und trennst das Fleisch vom Knochen.
Das Fleisch kannst du weiterverwenden, z. B. für Hühnerfrikassee.

Kartoffelsuppe

Garart: Kochen
Hinweis: vegetarisch

Zutaten	Zubereitung	
1000 g Kartoffeln (mehligkochend)	gründlich mit der Gemüsebürste unter fließendem Wasser säubern und würfeln	
1 Bund Suppengrün	Möhre und Sellerie klein würfeln, Porree in feine Ringe schneiden	
2 EL Öl	im Topf erhitzen, Suppengrün dazugeben und andünsten, Kartoffelwürfel dazugeben	
1¼ l Liter Gemüsebrühe (instant oder selbst gemacht)	angießen und Suppe ca. 20 Min. kochen lassen	
1 TL getrockneten Majoran, Salz, Pfeffer	hinzufügen	
frische Kräuter (z. B. Schnittlauch, Petersilie)	nach Belieben hinzugeben, abschmecken, zum Garnieren verwenden	

Arbeitsplatz einrichten:
Küchenwaage, Schneidebrett, Messer, Esslöffel, Teelöffel, Kochlöffel, Messbecher, Kochtopf, evtl. ein Pürierstab

Tipp:
Wenn du willst, kannst du die Kartoffelsuppe ganz oder teilweise pürieren.

Variante: Schnelle Kartoffelsuppe
Wenn du es eilig hast, kannst du statt frischer Kartoffeln auch Kartoffelpüreepulver verwenden. Koche hierbei ½ Liter Fleischbrühe und ¼ Liter Milch auf, rühre das Pulver unter und gib 2 EL Crème Fraîche dazu. Würze die Suppe mit Salz, geriebener Muskatnuss und Pfeffer.

Vorspeisen: Salate

Grüner Salat

Zutaten	Zubereitung
1 Salatkopf (z. B. Kopfsalat, Lollo rosso, Eisbergsalat, Endiviensalat)	• schneide den Strunk des Salates ab • trenne die Salatblätter voneinander • wasche die Salatblätter mit Wasser ab, verwende hierfür einen Durchschlag **Achtung** Salat nicht im Wasser stehen lassen. • schneide die Blätter in mundgerechte Stücke

Arbeitsplatz einrichten:
Messer, Schneidebrett, Durchschlag, Schüssel

Essig-Öl-Dressing:
Für ein Essig-Öl-Dressing brauchst du
- 2 EL Essig
- 2 EL Wasser
- ½ TL Senf
- ¼ TL Salz
- 1 Msp. Pfeffer
- 2 EL Kräuter
- 4 EL Öl

Mische alles zusammen: am besten geht das in einem leeren Marmeladenglas, welches du kräftig schüttelst. Gib das Dressing über den Salat. Du kannst auch Knoblauch oder Zwiebelwürfel in das Dressing geben.

Sahne-/Joghurt-Dressing:
Für ein Sahne-/Joghurt-Dressing brauchst du
- 1 Becher (200 g) saure Sahne
- 2 EL Zitronensaft
- 1 TL Senf
- ¼ TL Salz
- 1 Pr. Zucker
- 3 EL Kräuter

Wie beim Essig-Öl-Dressing alles zusammen vermischen. Wenn du statt der Sahne Joghurt verwendest, lasse den Senf weg.

Tipp 1:
Zum Salat kannst du Baguette, Quarkölteig-Brötchen, geröstetes Toastbrot oder Fladenbrot reichen.

Tipp 2:
Verfeinere deinen Salat z. B. mit Früchten, gehackten Nüssen, Kürbis- oder Pinienkernen oder Gemüsestückchen.

Tipp 3:
Wenn du willst, kannst du den Salat auch mit anderen Vorspeisen kombinieren, z. B. mit in Scheiben geschnittenen Tomaten mit Mozzarella oder Käsespießen oder mit einem Schälchen Oliven.

Nudelsalat

Zutaten	Zubereitung	
200 g kleine Nudeln (z. B. Penne, Farfalle, kurze Makkaroni) 1 TL Salz	nach Packungsangabe zubereiten und abkühlen lassen	
100 g Mayonnaise 200 g Joghurt oder saure Sahne 1 Prise Zucker Salz und Pfeffer	alles gut zu einem Dressing verrühren und beiseite stellen	
1 kleine Dose Erbsen (sehr fein, 280 g Abtropfgewicht)	abtropfen lassen	
200 g Fleischwurst	pellen und in Würfel oder feine Streifen schneiden	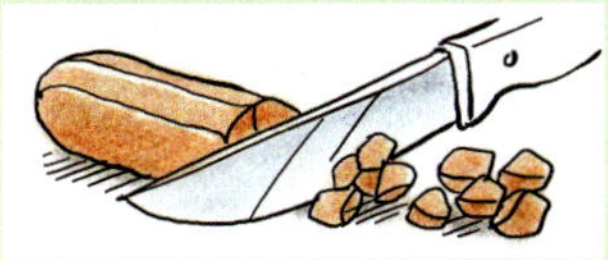
2 große Gewürzgurken 2 rote Äpfel (ungeschält)	waschen und in Würfel schneiden	
	alles in das Dressing (Mayonnaise-Joghurt-Mischung) geben und zum Schluss die Nudeln untermischen und den Salat abschmecken	

Arbeitsplatz einrichten:
Küchenwaage, Kochtopf, Sieb, Schneidebrett, Messer, Rührschüssel, Löffel zum Verrühren

Variante 1: Nudelsalat nach italienischer Art
Bereite die Nudeln nach Packungsangabe zu. Für das Dressing verrühre 4 EL Essig (z. B. Rotweinessig) mit Salz, weißem Pfeffer und 8 EL Olivenöl. Schneide zusätzlich 500 g kleine Tomaten in Spalten und 250 g Mozzarella in Würfel und gib diese zum Dressing. Füge Basilikum hinzu und bestreue den Salat mit gerösteten Pinienkernen.

Variante 2: Tortellinisalat
Bereite 500 g Tortellini (frische oder getrocknete) nach Packungsangabe zu. Für das Dressing verrührst du 200 g Mayonnaise, 300 g Joghurt und 2 EL Essig. Auch hier fügst du Erbsen und Fleischwurst dazu, wie oben beschrieben. Schneide dazu 2–3 rote Paprikaschoten und 1 Bund Frühlingszwiebeln in schmale Scheiben. Vermische nun alles miteinander und streue Basilikumblätter über den Salat.

Variante 3: Vegetarisch
Wenn du auf Fleisch verzichten möchtest, kannst du die Fleischwurst natürlich weglassen.

Dips/Soßen

Quarkdip

Zutaten	Zubereitung	
250 g Magerquark ca. 100 g Crème fraîche oder Joghurt	verrühren	
Salz, Pfeffer	hinzufügen	
3 EL gehackte Kräuter, z. B. Schnittlauch, Petersilie	unterrühren, abschmecken, zum Garnieren verwenden	

Arbeitsplatz einrichten:
Küchenwaage, Esslöffel, Sparschäler, Schneidebrett, Messer, Gabel, Raspel, Schüsseln

Tipp:
Quarkdip schmeckt lecker mit Pell- und Ofenkartoffeln. Je nach Geschmack 1 EL gehackte Zwiebeln und 2 TL Kümmel hinzufügen. Quarkdip lässt sich vielseitig mit gewürfeltem Gemüse, Kräutern oder Thunfisch abwandeln.

Zaziki

Zutaten	Zubereitung
250 g (griechischer) Naturjoghurt 100 g Magerquark	miteinander verrühren
½ Salatgurke	raspeln, ausdrücken und zum Joghurt geben
1–2 Knoblauchzehen	schälen, fein hacken (oder eine Knoblauchpresse benutzen) und zum Joghurt geben
Salz	hinzufügen
Petersilie oder frische Minze	zum Garnieren verwenden

Schafskäsedip

Zutaten	Zubereitung
200 g Frischkäse 100 g Feta	Feta mit der Gabel zerbröckeln und mit dem Frischkäse verrühren
2 EL Olivenöl ½ Bund Kräuter (z. B. Schnittlauch)	hinzufügen
Paprikapulver, Salz, Pfeffer	hinzufügen
10 schwarze Oliven	hacken und über den Dip streuen
Petersilie oder frische Minze	zum Garnieren verwenden

Tipp:
Du kannst neben Brot auch eine Rohkostplatte (Gemüsesticks) mit Gemüse der Saison zu den Dips reichen. Gut geeignet sind Möhren, Gurken, Kohlrabi, Staudensellerie und Paprika.

Helle Basissoße

Hinweis: vegetarisch

Zutaten	Zubereitung
½ Zwiebel	schälen und würfeln
30 g Margarine	in einem mittelgroßen Topf bei mittlerer Hitze erwärmen, Zwiebel darin glasig dünsten
30 g Mehl	zugeben, goldgelb dünsten
½ l Wasser	langsam hinzufügen und ablöschen, aufkochen

Arbeitsplatz einrichten:
Küchenwaage, Abfallschüssel, Messer, Schneidebrett, Esslöffel, Kochtopf, Rührlöffel, Messbecher, Tasse

Variante: Kräutersoße
Wenn du eine Kräutersoße herstellen möchtest, verwende anstelle von Wasser ¼ Liter Brühe und ¼ Liter Milch und schmecke das Ganze mit Salz, Pfeffer und frischen Kräutern (z. B. Petersilie, Basilikum, Schnittlauch) ab.

Sahnesoße

Hinweis: vegetarisch

Zutaten	Zubereitung
1 Zwiebel	schälen und klein schneiden
1 EL Öl	in einem mittelgroßen Topf bei mittlerer Hitze erwärmen, Zwiebel darin glasig dünsten
500 g Sahne	• ½ Tasse Sahne abnehmen und beiseite stellen • restliche Sahne zu der Zwiebel geben, aufkochen lassen • Energiezufuhr reduzieren und die Sahne so lange leicht sprudelnd kochen lassen, bis sie dick und cremig ist (ca. 10 Min.) – das nennt man „einkochen" • die beiseite gestellte Sahne wieder zugeben, einmal aufkochen lassen
Salz, Pfeffer	hinzufügen

Variante: Käse-Sahne-Soße
Füge hierfür einfach Käse hinzu (z. B. Gorgonzola, Schmelzkäse oder Parmesan). Du kannst deine Soße auch mit Schinken oder Erbsen verfeinern.

Soße Bolognese

Zutaten	Zubereitung
1 Gemüsezwiebel	schälen und fein würfeln
1 Knoblauchzehe	schälen, fein hacken (oder eine Knoblauchpresse benutzen)
2 EL Öl	in einer Pfanne erhitzen, Zwiebel und Knoblauch darin glasig dünsten
1 EL Paprikapulver	hinzufügen
500 g Hackfleisch	dazugeben und bei starker Hitze anbraten
4 Tomaten 1 Dose Tomatenmark ½ l Wasser	in Würfel schneiden alles zum Hackfleisch geben und bei schwacher Hitze köcheln lassen
Salz, Pfeffer, Majoran	hinzufügen

Variante: Vegetarisch
Wenn du auf Fleisch verzichten möchtest, kannst du das Hackfleisch natürlich weglassen.

Tipp:
Die Soße passt sehr gut zu Spaghetti.

Hauptspeisen: Kartoffeln/Nudeln/Reis

Salzkartoffeln

Garart: Kochen/Dünsten
Hinweis: vegetarisch

Zutaten	Zubereitung	
1000 g Kartoffeln	• gründlich mit der Gemüsebürste unter fließendem Wasser säubern • in den Durchschlag geben • schälen und in eine Schüssel mit kaltem Wasser legen, damit sie nicht braun werden • die geschälten Kartoffeln längs vierteln	
250 ml Wasser 1 TL Salz	in einem geschlossenen Topf zum Kochen bringen; wenn Dampf austritt, die Energiezufuhr reduzieren, nach 20 Min. das Wasser abgießen	

Arbeitsplatz einrichten:
Gemüsebürste, Durchschlag, Abfallschüssel, Schüssel, Küchenwaage, Sparschäler, Schälmesser, Schneidebrett, Messbecher, Kochtopf mit Deckel (für Kartoffelpüree: Karoffelstampfer oder Kartoffelpresse)

Tipp:
Ob die Kartoffeln gar sind, findest du heraus, indem du vorsichtig mit einem Messer hineinstichst. Wenn sie sich leicht einstechen lassen, sind sie gar.

Variante 1: Kartoffelpüree
Koche die Kartoffeln wie oben beschrieben, nur etwas länger, bis die Kartoffeln weich sind. Nimm sie heraus. Vermische 125 ml heiße Milch, 20 g weiche Butter und 1 Prise Muskat mit etwas Garflüssigkeit. Gib diese Soße zu den Kartoffeln hinzu und stampfe alles zusammen (oder drücke die Kartoffeln durch die Kartoffelpresse und vermische anschließend mit der Flüssigkeit). Wenn das Püree zu fest ist, gib noch etwas Garflüssigkeit oder Milch hinzu. Zum Schluss alles mit Salz, Pfeffer und geriebener Muskatnuss würzen.

Variante 2: Pellkartoffeln
Säubere die Kartoffeln mit der Gemüsebürste, aber schäle sie nicht. Bereite sie dann wie die Salzkartoffeln zu und schrecke sie nach ca. 25–30 Min. mit kaltem Wasser ab. Dazu passt gut ein Quarkdip (s. S. 140).

Variante 3: Ofenkartoffeln
Bereite die Kartoffeln wie Pellkartoffeln zu, aber koche sie nur 20 Min. (= vorgaren). Halbiere dann die Kartoffeln und lege sie auf ein Backblech mit Backpapier. Bestreiche die Schnittflächen mit etwas Olivenöl. Du kannst auch etwas getrockneten Rosmarin darüberstreuen. Backe die Kartoffeln ca. 20 Min. im vorgeheizten Ofen bei 180 °C, bis die Schnittflächen gebräunt sind. Dazu passt ein Quarkdipp (s. S. 140).
Hinweis: Du kannst die Kartoffelhälften auch, ohne sie vorzugaren, im Ofen backen. Dann dauert es allerdings länger (ca. 50 Min.).

Nudeln

Garart: Kochen
Hinweis: vegetarisch

Zutaten	Zubereitung
2 l Wasser 1 EL Salz	im geschlossenen Topf zum Kochen bringen
250 g Nudeln	locker hineingeben, umrühren, bissfest kochen (die Kochzeit steht auf der Verpackung), abgießen, anrichten

Arbeitsplatz einrichten:
Kochtopf mit Deckel, Messbecher, Teelöffel, Durchschlag, Rührlöffel, evtl. Küchenwaage

Variante 1: Überbackene Nudeln
Wenn du magst, kannst du die Nudeln mit einer Soße und mit geriebenem Käse überbacken. Die Backzeit beträgt ca. 20 Min.

Tipp:
Zu Nudeln passen gut Pesto oder Soßen, wie z. B. eine Bolognesesoße (s. S. 141).
Aus kalten Nudeln kannst du prima einen Nudelsalat machen (s. S. 139).

Reis

Garart: Kochen
Hinweis: vegetarisch

Zutaten	Zubereitung
2 l Wasser 1 EL Salz	im geschlossenen Topf zum Kochen bringen
250 g Reis	in ein Sieb geben, unter fließendem Wasser abspülen, in das kochende Salzwasser streuen, einmal umrühren, 12–15 Minuten im offenen Topf sprudelnd kochen lassen, mithilfe eines feinen Siebes abgießen

Reis

Garart: Ausquellen
Hinweis: vegetarisch

Zutaten	Zubereitung
½ l Wasser 1 TL Gemüsebrühe	Brühe im geschlossenen Topf zum Kochen bringen
250 g Reis	in ein Sieb geben, unter fließendem Wasser abspülen, in die kochende Brühe streuen, 20 Minuten im geschlossenen Topf bei sehr geringer Energiezufuhr ausquellen lassen, Topf nicht öffnen!

Tipp:
Du kannst Reis kochen oder ausquellen lassen. Beim Ausquellen beträgt das Mengenverhältnis immer 2:1, das heißt zwei Teile Flüssigkeit zu einem Teil Reis.

Arbeitsplatz einrichten:
Messbecher, Esslöffel, Kochtopf mit Deckel, Rührlöffel, Sieb

Variante 1: Reis verfeinern und als Beilage servieren
Reisgerichte kannst du vor dem Anrichten vermischen, z. B. mit etwas Butter, frischer Petersilie, gedünsteten Tomaten, geriebenem Käse oder mit gequollenen Rosinen. Oder du reichst den Reis zu einem vorgefertigten Fleisch-/Gemüsegericht dazu.

Tipp:
Es gibt verschiedene Reissorten – probiere sie einfach einmal aus.

Hauptspeisen: Fleisch/Fisch

Geschnetzeltes

Garart: Dünsten

Zutaten	Zubereitung
1 Zwiebel	schälen und würfeln
3 EL Öl	erwärmen, Zwiebel darin glasig dünsten
200 g Fleisch, geschnetzelt (= in mundgerechte Stücke geschnitten)	zugeben, mitdünsten
1 EL Mehl	über das Geschnetzelte stäuben, umrühren
¼ l Wasser	ablöschen, aufkochen
50 g Sahne	unterrühren, aufkochen
Salz, Pfeffer	hinzugeben

Arbeitsplatz einrichten:
Abfallschüssel, Küchenwaage, Messer, Schneidebrett, Kochtopf mit Deckel oder Pfanne mit hohem Rand und Deckel, Rührlöffel, Messbecher, Esslöffel

Variante: Curry- oder Pilzgeschnetzeltes
Du kannst das Geschnetzelte zusätzlich mit Curry würzen und evtl. Früchte dazugeben oder du dünstest Champignons in der Pfanne mit.

Frikadellen

Garart: Kurzbraten

Zutaten	Zubereitung
1 Zwiebel	schälen und würfeln
400 g Rinderhack 1 Ei 6 EL Semmelbrösel 2 TL Senf	mithilfe der Knethaken des Handrührgerätes Zutaten zu einem gleichmäßigen Teig verarbeiten
1 TL Salz ½ TL Pfeffer 1 TL Oregano	hinzufügen, Hackteig in 6–8 Teile portionieren, mit feuchten Händen zu 1 cm flachen runden Frikadellen formen
1–2 EL Öl	in einer Pfanne erhitzen, Frikadellen darin von beiden Seiten anbraten

Arbeitsplatz einrichten:
Abfallschüssel, Schneidebrett, Messer, Rührschüssel, Handrührgerät mit Knethaken, Teelöffel, Esslöffel, Pfanne und Pfannenwender

Tipp:
Du kannst die Frikadellen auch für Hamburger verwenden. Belege dazu eine Brötchenhälfte mit einer Frikadelle und zusätzlich z. B. mit Tomatenketchup, Gewürzgurken, Tomaten, Salat und Käsescheiben.

Fischstäbchen

Garart: Braten

Zutaten	Zubereitung	
400 g Fischfilet (z. B. Seelachs)	kurz abspülen und trocken tupfen, in 5 cm lange und 2 cm breite Stücke schneiden	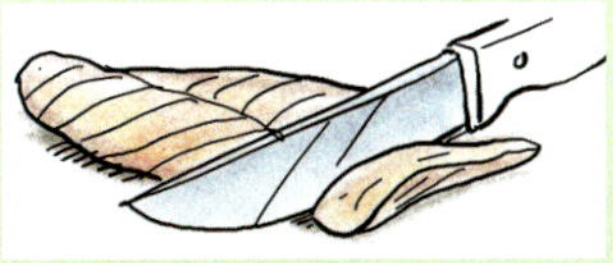
Saft von 1 Zitrone Salz	Filetstücke säuern und salzen	
Mehl Semmelbrösel verschlagenes Ei	auf je einem Teller bereitstellen, Filetstücke damit panieren (= erst von beiden Seiten in Mehl wälzen, dann durch das verschlagene Ei ziehen und dann in Semmelbrösel wälzen)	
4 EL Öl	in einer Pfanne erhitzen, Fischstäbchen von beiden Seiten goldbraun darin braten	

Arbeitsplatz einrichten:
Abfallschüssel, Küchenpapier, Schneidebrett, Messer, Zitronenpresse, 4 Teller, Pfanne, Bratenwender, Esslöffel

Tipp 1:
Die Fischstäbchen passen gut zu Kartoffelsalat, Nudelsalat oder einfach zu grünem Salat.

Tipp 2:
Du kannst statt Fisch auch Fleisch nehmen (z. B. Hähnchenfleisch). Bereite es nach der Anleitung zu und du erhältst Hähnchen-Nuggets.

Lachsfilet mit Kräuterhaube

Garart: Backen

Zutaten	Zubereitung
4 Lachsfilets à 125 g	kurz abspülen und trocken tupfen
Salz, Pfeffer	auf beiden Seiten salzen und pfeffern, den Fisch in die gefettete Auflaufform legen
2 Tomaten	waschen und in Scheiben schneiden, auf den Fisch legen
150 g (Kräuter-)Frischkäse Doppelrahmstufe etw. Milch	verrühren, Tomaten und Fischfilets damit bestreichen, etwa 20 Min. im Ofen bei 200 °C backen

Tipp:
Du kannst dazu z. B. Baguette und Salat servieren.

Arbeitsplatz einrichten:
Teller, Küchenpapier, Auflaufform

Hauptspeisen: Gemüse

Möhrengemüse

Garart: Dünsten
Hinweis: vegetarisch

Zutaten	Zubereitung	
750 g Möhren	waschen, putzen, würfeln	
20 g Butter oder Margarine	in einem Topf erhitzen, Möhrenwürfel dazugeben und andünsten	
ca. ⅛ l Wasser 1 Prise Salz 1 Prise Zucker	hinzufügen, bei geschlossenem Topf und geringer Hitze ca. 15 Min. dünsten	

Arbeitsplatz einrichten:
Abfallschüssel, Sparschäler, Messer, Schneidebrett, Küchenwaage, Messbecher, Topf mit Deckel, Rührlöffel

Variante: Kartoffel-Möhren-Untereinander
Zum Möhrengemüse kannst du auch Kartoffelwürfel geben und diese mitdünsten/-kochen. Zum Schluss lässt sich das Ganze noch mit einem Klecks Crème fraîche verfeinern.

Tipp 1:
Mit dem Gemüsewasser kannst du eine helle Basissoße kochen (s. S. 141).

Tipp 2:
Beim Dünsten nicht ständig den Deckel öffnen, sonst entweicht die Flüssigkeit und das Gemüse brennt an.

Auberginen-Auflauf mit Mozzarella

Garart: Backen
Hinweis: vegetarisch

Zutaten	Zubereitung
500 g Auberginen	waschen und in ca. ½ cm dicke Scheiben schneiden
Salz	über die Auberginen streuen (nach ca. 20 Min. abwaschen und trocken tupfen)
500 g Tomaten	würfeln
Salz, Pfeffer, Rosmarin	hinzugeben
200 g Zwiebeln 2 Knoblauchzehen 4 EL Öl	Knoblauch fein hacken (oder Knoblauchpresse benutzen), zusammen mit den geschälten und gewürfelten Zwiebeln in Öl dünsten
100 g Paniermehl	50 g Paniermehl in eine Auflaufform geben
300 g Mozzarella	in Scheiben schneiden
	abwechselnd die Auberginen- und Mozzarellascheiben sowie die Tomatenwürfel wie Dachziegel auf die Paniermehlmasse schichten, mit restlicher Paniermehlmasse und etwas Rosmarin bestreuen, ca. 30 Min. bei 200 °C backen

Arbeitsplatz einrichten:
Abfallschüssel, Küchenwaage, Küchenpapier, kleiner Topf mit Deckel, Messer, Schneidebrett, Knoblauchpresse, Pfanne, Rührlöffel, Auflaufform

Tipp:
Aufläufe lassen sich gut vorbereiten. Das ist z. B. praktisch, wenn du Gäste erwartest. Dann kannst du alles in Ruhe vorbereiten und brauchst später nur noch den Auflauf in den Ofen zu schieben.

Blumenkohl

Garart: Kochen
Hinweis: vegetarisch

Zutaten	Zubereitung
1 Blumenkohl	putzen, mit dem Strunk nach oben etwa 10 Minuten in Salzwasser legen (das verjagt evtl. verstecktes Ungeziefer), danach Strunk kreuzförmig einschneiden (so wird der Blumenkohl schneller weich)
½ l Wasser ½ TL Salz	in einem geschlossenen Topf zum Kochen bringen, den Blumenkohl mit dem Strunk nach unten hineingeben, ca. 15 Min. im geschlossenen Topf bei schwacher Hitze garen, abgießen bzw. zum Abtropfen in einen Durchschlag geben

Arbeitsplatz einrichten:
Abfallschüssel, Messer, Schneidebrett, Schüssel zum Wässern, Teelöffel, Kochtopf mit Deckel, Durchschlag

Tipp:
Mit dem Gemüsewasser kannst du eine helle Basissoße kochen (s. S. 141).

Buntes Gemüseblech

Garart: Grillen
Hinweis: vegetarisch

Zutaten	Zubereitung
4 EL Öl	eine Fettpfanne oder eine flache Auflaufform einfetten
1 gelbe und 1 rote Paprika 1 Zucchini 200 g Champignons 2 Tomaten	• Gemüse waschen und putzen • Paprika in Streifen schneiden • Zucchini in Scheiben schneiden oder hobeln • kleine Champignons unzerkleinert lassen, größere vierteln • Tomaten vierteln • Gemüse nebeneinander auf das gefettete Blech legen
Salz getrocknete Kräuter (italienische Kräuter oder Kräuter der Provence) Öl, z. B. Olivenöl	Salz und Kräuter hinzugeben und alles mit Öl beträufeln, 15–20 Minuten bei 180 °C im Backofen backen, bis das Gemüse beginnt, braun zu werden

Tipp 1:
Dieses Gericht passt gut zu einem Grillfest. Dazu kannst du Zaziki reichen (s. S. 140).

Arbeitsplatz einrichten:
Abfallschüssel, Messer, Schneidebrett, Durchschlag, Fettpfanne oder Auflaufform, Backpinsel

Tipp 2:
Die Champignons kurz und sanft mit Wasser abspülen, sonst werden sie unansehnlich und saugen sich mit Wasser voll. Oft reicht es auch aus, wenn du sie mit einem Backpinsel säuberst und ½ cm vom Stiel abschneidest.

Nachspeisen/Konfitüre

Obstsalat

Zutaten	Zubereitung
1 Apfel 1 Banane 1 Orange 1 Kiwi	Obst waschen, bei Bedarf schälen, klein schneiden oder würfeln **Achtung** Verwende möglichst viel Obst der Saison.
Saft einer Zitrone oder einer ½ Orange evtl. etwas Zucker oder Honig	hinzugeben und alles vermischen

Tipp:
Wenn du magst, kannst du auch einen Becher Joghurt unter das Obst mischen.

Arbeitsplatz einrichten:
Schneidebrett, Schälmesser, kleines Messer, Zitronenpresse, Schüssel, Salatbesteck oder Esslöffel

Variante: Exotischer Obstsalat
Du kannst auch exotische Früchte verwenden, wie z. B. Ananas, Granatapfel, Kaki, Kaktusfeige, Honigmelone, Physalis oder Mango. Je Belieben kannst du den Salat auch mit Nüssen verfeinern.

Quarkspeise (Erdbeerquark)

Zutaten	Zubereitung
300 g frische Erdbeeren etwas Zitronensaft etwa 2 EL Zucker	gründlich waschen, die Stielansätze entfernen Erdbeeren mit etwas Zitronensaft pürieren (= Erdbeermark) nach Geschmack leicht zuckern
500 g Sahnequark etwas Zucker etwas Zitronensaft	schaumig rühren, mit dem Erdbeermark verrühren, mit Zitronensaft und Zucker abschmecken, evtl. mit Erdbeerhälften garnieren

Arbeitsplatz einrichten:
Schüssel, kleines Küchenmesser, Zitronenpresse, Esslöffel, Schneebesen, Mixer oder Pürierstab, Holzstäbchen

Tipp 1:
Den Quark in 4 breite Gläser oder Schälchen füllen, mit einem Esslöffel in die Mitte eine Vertiefung drücken, das Erdbeermark vorsichtig in die Mitte füllen (es muss noch ein weißer Rand vom Quark zu sehen sein) und mit einem Holzstäbchen von der Mitte aus zum Rand des Schälchens kleine Strahlen ziehen.

Variante: Exotische Quarkspeise
Statt der Erdbeeren kannst du auch andere Früchte pürieren, wie z. B. Mango. Wenn du einheimisches Obst verwendest, achte darauf, dass es Obst der Saison ist.

Tipp 2:
Du kannst auch Dosenfrüchte oder tiefgekühlte Ware verwenden – probiere aus, was dir am besten schmeckt.

Konfitüre/Marmelade

Zutaten	Zubereitung
1 kg Früchte	waschen, verlesen, gegebenenfalls entsteinen oder klein schneiden, nach Wunsch die Früchte pürieren **Achtung:** Verwende nur reife Früchte.
1 Päckchen Gelierzucker 1:1 (für Gelee: anstelle von Früchten 1 l Fruchtsaft verwenden)*	zu den Früchten bzw. Fruchtmus in einen hohen Topf geben, alles unter Rühren bei starker Hitze zum Kochen bringen, die Kochzeit richtet sich nach den Angaben auf der Gelierzuckerpackung (meist 3–4 Min.)
	sofort randvoll in die vorbereiteten Gläser füllen, mit Schraubdeckel fest verschließen, umdrehen und etwa 5 Min. auf dem Deckel stehen lassen, abkühlen lassen und anschließend beschriften (Frucht/Datum)

* kann je nach Frucht variieren, siehe Verpackung

Arbeitsplatz einrichten:
Marmeladen-/Konfitürengläser mit Schraubdeckeln, sauberes Geschirrtuch, Suppenkelle, großer/hoher Kochtopf, Etiketten zum Beschriften der Gläser, Folienstift, Pürierstab, evtl. Einfülltrichter für Marmelade/Konfitüre, Küchenwaage oder Messbecher
Hinweis: Die Gläser gut reinigen und mit heißem Wasser nachspülen, nicht abtrocknen*, sondern zum Abtropfen kopfüber auf ein sauberes Geschirrtuch stellen.

* Durch Fusseln des Tuches könnten Unreinheiten in das Glas gelangen und die Marmelade/Konfitüre würde schimmeln.

Tipp 1:
Am besten verarbeitest du Obst der Saison.

Tipp 2:
Wenn du die Marmelade/Konfitüre an einem kühlen, dunklen Ort lagerst, dann hält sie sich mindestens 1 Jahr.

Info:
Marmelade ist eine streichfähige Fruchtzubereitung aus *Zitrusfrüchten*, wie zum Beispiel Orangen oder Zitronen. Als **Konfitüre** werden alle streichfähigen Fruchtzubereitungen bezeichnet, die aus allen anderen Früchten hergestellt werden.

Teig/Gebäck

Grundrezept: Hefeteig (süß)

Garart: Quellen/Backen

Zutaten	Zubereitung
¼ l Milch 1 Würfel frische Hefe *oder* 1 Päckchen Trockenhefe 500 g Mehl	erwärmen (sie darf nicht zu heiß sein, sonst geht die Hefe nicht auf), die Hälfte der Milch (125 ml) und die Hefe mit dem kleinen Schneebesen gut verrühren, die Hälfte des Mehls (250 g) unterkneten
80 g Zucker 80 g Butter 1 Prise Salz	die restliche Milch (125 ml) in einen Topf geben und Zucker und Butter darin auflösen lassen (evtl. noch einmal kurz erhitzen), unter den Vorteig mischen
evtl. 1 Ei	das restliche Mehl (250 g) und evtl. ein Ei unterkneten, bis ein weicher Kloß entsteht, der aber nicht mehr an den Fingern kleben darf, wenn man ihn anfasst
	Schüssel mit einem sauberen Geschirrtuch abdecken und an einem warmen Ort (an der Heizung oder vor der geöffneten Backofentür bei 50 °C) 20 Min. aufgehen lassen, danach eine saubere Arbeitsfläche mit etwas Mehl bestäuben und den Teig mit den Händen gut durchkneten

Tipp:
Aus diesem Grundrezept für süßen Hefeteig kannst du Zucker-/Butterkuchen, Streuselkuchen, Bienenstich, Apfel- oder Pflaumenkuchen, Rosinenbrötchen, süße Brötchen und Hefeteilchen herstellen.

Arbeitsplatz einrichten:
Handrührgerät mit Knethaken, große Schüssel, Teigschaber, kleiner Kochtopf, Küchenwaage, Messbecher, Backblech, Backpapier, Nudelholz, Schneebesen, Geschirrtuch

Variante: Salziger Hefeteig
Wenn du einen salzigen Hefeteig herstellen willst, verwende statt der Milch ¼ l Wasser und etwas mehr Salz. Zucker, Butter und Ei kannst du weglassen.

Tipp:
Aus dem salzigen Hefeteig lassen sich Brötchen, Fladenbrot und **Pizza** herstellen.

- Für Brötchen wird der Teig in 12 oder 16 gleiche Teile geteilt, mit den Händen zu Kugeln geformt und nach Wunsch in der Mitte eingekerbt. Brötchen mit warmem Wasser bepinseln und noch mal 15–20 Min. gehen lassen, den Backofen auf 220 °C vorheizen und ca. 20 Min. backen.
  Zum Backen eine Tasse Wasser auf den Boden des Ofens stellen, damit sich Dampf entwickelt und die Brötchen gut aufgehen.
- Für eine Pizza wird der salzige Hefeteig rechteckig ausgerollt, sodass er auf das Backblech passt. Der Teig wird mit etwas Öl bepinselt, mit pürierten Tomaten aus der Dose bestrichen und nach Wunsch belegt, z. B. mit in Scheiben geschnittenen Champignons. Geriebenen Käse darüber verteilen. Bei 200 °C auf mittlerer Schiene ca. 15–20 Min. backen.

Grundrezept: Quarkölteig (süß)

Garart: Backen

Zutaten	Zubereitung
400 g Mehl 1 Päckchen und 2 gestr. TL Backpulver 1 Päckchen Vanillezucker 100 g Zucker 200 g Magerquark 6 EL Milch 6 EL geschmacksneutrales Öl (z. B. Sonnenblumenöl) 1 Prise Salz	alle Zutaten in eine große Schüssel geben und so lange mit dem Handrührgerät durcharbeiten, bis ein geschmeidiger Kloß entsteht, eine Arbeitsfläche mit Mehl bestäuben und den Teig mit den Händen weiterkneten, bis er nicht mehr an den Händen kleben bleibt

Arbeitsplatz einrichten:
Küchenwaage oder Messbecher, Handrührgerät mit Knethaken, Esslöffel, Teelöffel, Teigschaber, Backblech, Backpapier oder Backpinsel, große Schüssel

Tipp 1:
Aus diesem Grundrezept für süßen Quarkölteig kannst du auch gut Blechkuchen herstellen. Verteile den Teig hierfür auf einem Backblech mit Backpapier und gib z. B. Früchte darüber. Die Früchte sinken beim Backen etwas ein. Backe den Kuchen etwa 35 Min. bei ca. 180 °C. Je nach Belag kann die Backzeit etwas variieren. Den Kuchen kannst du vor dem Servieren mit etwas Puderzucker bestäuben.

Variante: Salziger Quarkölteig
Wenn du einen salzigen Quarkölteig herstellen willst, lasse Zucker und Vanillezucker weg.
Verwende etwas mehr Salz und zusätzlich 200 g Quark sowie 1 Ei.

Tipp 2:
Salziger Quarkölteig eignet sich z. B. für Würstchen im Teigmantel oder Pizza.
Für eine Pizza wird der salzige Quarkölteig rechteckig ausgerollt, sodass er auf das Backblech passt. Der Teig wird mit etwas Öl bepinselt, mit pürierten Tomaten aus der Dose bestrichen und nach Wunsch belegt, z. B. mit in Scheiben geschnittenen Champignons.
Geriebenen Käse darüber verteilen. Bei 200 °C auf mittlerer Schiene ca. 15–20 Min. backen.

Teig/Gebäck

Grundrezept: Rührteig (süß)

Garart: Backen

Zutaten	Zubereitung	
250 g weiche Butter 250 g Zucker 3–4 Eier	weiche Butter und Zucker cremig rühren, die Eier einzeln nacheinander hinzufügen	
1 Prise Salz 1 Päckchen Vanillezucker etwas abgeriebene Zitronenschale	hinzufügen bzw. untermischen, bis sich alles mit der Masse verbunden hat	
500 g Mehl 1 Päckchen Backpulver ⅛ l Milch	Mehl und Backpulver vermischen, nach und nach abwechselnd mit der Milch unter die restliche Teigmischung arbeiten	
	Teig in Formen füllen: • hohe Backformen auf die untere Schiene stellen und ca. 45–60 Min. bei 175 °C backen, • flache Formen auf die mittlere Schiene stellen, etwa 30 Min. bei 175 °C backen, nach dem Backen mit einem Holzstäbchen die Garprobe machen: wenn der Teig am Holz nicht mehr feucht ist, ist der Kuchen fertig	

Arbeitsplatz einrichten:
Handrührgerät mit Schneebesen, Küchenwaage, Messbecher, kleine Reibe, große Schüssel, Teigschaber, passende Backform (Kastenkuchenform, Napfkuchenform, Springform, Tortenbodenform), Backpapier oder Backpinsel zum Einfetten der Form, Kuchengitter, Holzstäbchen für die Garprobe

Variante 1 : Muffins
Rührteig kann auch in Muffinförmchen abgefüllt werden. Dadurch verkürzt sich die Zeit auf 30 Min.
Wenn du willst, kannst du etwas Kakaopulver oder Schokostückchen hinzufügen, dann musst du aber auch etwas mehr Milch und Zucker in die Schokomasse geben, damit sie cremig bleibt. So erhältst du Schokomuffins.

Variante 2: Waffeln
Aus dem Rührteig kannst du auch Waffeln herstellen. Gib dann etwa 250 ml mehr Milch dazu, dann wird der Teig etwas flüssiger. Verteile hierfür jeweils ca. 1–2 EL Teig auf dem Waffeleisen.

Grundrezept: Mürbeteig (süß)

Garart: Backen

Zutaten	Zubereitung
250 g Mehl 125 g kalte Butter 65 g Zucker 1 Päckchen Vanillezucker 1 Prise Salz 1 Ei Fett zum Einfetten der Form und Semmelbrösel/Paniermehl (evtl. kaltes Wasser)	• das Mehl auf die Arbeitsfläche sieben, in die Mitte eine Mulde drücken, Butter grob gewürfelt, Zucker, Vanillezucker, Salz und Ei hineingeben; mit einem großen Messer oder einer Palette gleichmäßig kreuz und quer hacken, damit die Zutaten nicht länger als nötig mit den warmen Händen in Berührung kommen, dann rasch weiter mit den Händen verkneten • sollte der Teig rissig sein, etwas kaltes Wasser einarbeiten • den fertigen Teig in Frischhaltefolie wickeln und mindestens 30 Min. im Kühlschrank ruhen lassen • bei ca. 180–200 °C im Backofen backen

Arbeitsplatz einrichten:
Küchenwaage oder Messbecher, Handrührgerät mit Knethaken, große Schüssel, Messer, Teigschaber, evtl. Nudelholz, Kuchengitter, passende Backformen (Tortenbodenform, Tortelettförmchen, Ausstechförmchen), Backblech, Pinsel zum Einfetten

Tipp:
Aus süßem Mürbeteig werden z. B. Plätzchen hergestellt.

Variante: Salziger Mürbeteig
Wenn du salzigen Mürbeteig herstellen möchtest, brauchst du einfach nur den Zucker wegzulassen. Der salzige Mürbeteig eignet sich z. B gut für eine Quiche (s. S. 157).

Weitere Gerichte aus aller Welt

Marokkanischer Salat

Zutaten	Zubereitung
25 g Mandeln	die ganzen abgezogenen Mandeln ohne Fett in einer Pfanne rösten, abkühlen lassen und hacken
120 g frische Datteln	entsteinen und längs in Streifen schneiden
2 Orangen	großzügig schälen, sodass auch die weiße Haut weggeschnitten wird, die Orangen zwischen den Häuten in Scheiben schneiden
2 Möhren	schälen und raspeln
1 kleiner Römersalat	Salatblätter zerteilen und waschen, auf einer großen Platte oder Portionstellern im Kreis anrichten, die Möhrenraspel in die Mitte streuen, die Orangen rings um die Möhren anrichten, die Datteln darauflegen, mit den Mandelsplittern bestreuen
2 EL Zitronensaft 1 TL Zucker oder Honig 1 Prise Salz evtl. 1 EL Orangenblütenwasser	alles miteinander verrühren und über den Salat träufeln, gut gekühlt servieren

Arbeitsplatz einrichten:
Pfanne, Wiegemesser, Küchenwaage, Schneidebrett, Schälmesser, kleines Küchenmesser, Reibe, Durchschlag, große Platte, Schälchen, Esslöffel, Teelöffel, Zitronenpresse

Griechischer Bauernsalat

Zutaten	Zubereitung
4 EL Zitronensaft 4 EL Öl Salz, Pfeffer Majoran Basilikum	alle Zutaten für das Dressing gut verrühren
1 gelbe Paprikaschote 4 Tomaten ½ Salatgurke 1 Zwiebel	Gemüse waschen, in feine Streifen oder Würfel schneiden, alles locker vermischen, mit dem Dressing vermengen
6 Oliven (schwarz, ohne Stein) evtl. grüne Peperonis	halbieren
150 g Feta	würfeln, mit den Oliven über den Salat streuen

Tipp:
Zu den Salaten schmeckt Fladenbrot.

Arbeitsplatz einrichten:
Zitronenpresse, Schneidebrett, Wiegemesser, Küchenmesser, Esslöffel, große Platte

Chili con Carne

Garart: Dünsten/Braten/Kochen

Zutaten	Zubereitung	
2 Möhren etwas Wasser	schälen, würfeln und in wenig Wasser 10–15 Minuten dünsten	
4 kleine Zwiebeln 4 Knoblauchzehen 2 EL Öl	schälen, in feine Würfel schneiden und im Öl glasig dünsten	
400 g Hackfleisch	dazugeben und ebenfalls anbraten, bis es krümelig und bräunlich aussieht, Möhren untermischen	
125–250 ml Gemüsebrühe (Brühwürfel oder Instantbrühe in heißem Wasser auflösen)	zum Fleisch dazugeben	
1 Dose rote Kidneybohnen (ca. 500 g Abtropfgewicht) 8 EL Tomatenketchup 1 kleine Dose Tomatenmark evtl. 1 kleine Dose Mais	zur Hackfleischmischung dazugeben und unter Rühren alles einmal aufkochen	
Salz Chilipulver Cayennepfeffer	nach Belieben hinzugeben und das Chili con Carne pikant bis scharf abschmecken	

Arbeitsplatz einrichten:
kleines Küchenmesser, Schneidebrett, Küchenwaage, Messbecher, Esslöffel, große Pfanne oder Kochtopf, Dosenöffner, Pfannenwender, Rührlöffel

Variante: Vegetarisch
Wenn du auf Fleisch verzichten möchtest, kannst du das Hackfleisch durch Tofu ersetzen.

Weitere Gerichte aus aller Welt

Schnelles Szegediner Gulasch

Garart: Schmoren

Zutaten	Zubereitung
1–2 EL Öl 500 g Mett 1 große Zwiebel	in einer Pfanne erhitzen, dazugeben und anbraten, bis es krümelig und bräunlich aussieht, schälen, fein würfeln und dazugeben
1 TL getr. Majoran ½ TL Chilipulver (oder weniger scharf: Paprika edelsüß)	hinzufügen und Hackfleischmischung würzen
1 Dose (850 g) Sauerkraut 1 Lorbeerblatt	dazugeben
¼ l heißes Wasser 1 TL Brühe	einrühren, aufkochen und offen 10 Min. schmoren
1 Bund Lauchzwiebeln	putzen, waschen, in Ringe schneiden und bis auf etwas Grün alles in die Pfanne geben
Salz, Pfeffer	hinzugeben
150 g saure Sahne oder Schmand etwas Chilipulver	saure Sahne mit Chilipulver bestäuben und zu der Krautpfanne reichen

Arbeitsplatz einrichten:
kleines Küchenmesser, Schneidebrett, große Pfanne, Bratenwender, Dosenöffner, Messbecher, Teelöffel

Börek

Garart: Dünsten/Backen
Hinweis: vegetarisch

Zutaten	Zubereitung
1 Becher Joghurt 250 g Butter oder Margarine 1 Ei ½ TL Salz	alles miteinander verrühren
4 Becher Mehl (leeren Joghurtbecher verwenden) ½ Päckchen Backpulver	Mehl und Backpulver mischen und esslöffelweise unterheben
Wasser	nach Bedarf dazugeben, bis ein weicher Teig entsteht, beiseite stellen und mindestens 30 Min. ruhen lassen
3 EL Öl 500 g frischer oder tiefgekühlter Spinat	Öl in eine Pfanne geben und Spinat darin andünsten
2 große Zwiebeln	in feine Würfel schneiden, zum Spinat geben und mitdünsten, anschließend vom Herd nehmen
100 g Schafskäse	zerkrümeln und über den gedünsteten Spinat geben
Salz, Paprikapulver	hinzufügen
	den Teig in faustgroße Stücke teilen und ungefähr auf 10 cm Durchmesser ausrollen, die Füllung jeweils auf eine Hälfte geben, Teigtasche zuklappen und die Ränder mit einer Gabel fest zusammendrücken, dann 25–30 Min. bei 180 °C backen

Arbeitsplatz einrichten:
Rührschüssel, Ess-/Teelöffel, Schneidebrett, Messer, Pfanne, Bratenwender

Tipp:
Wenn du den Teig nicht selber machen möchtest, kannst du auch Yufkateig im (türkischen) Supermarkt kaufen.

Quiche

Garart: Dünsten/Backen

Arbeitsplatz einrichten:
Küchenwaage, Messbecher, Esslöffel, Handrührgerät mit Knethaken, Nudelholz, Springform 26 cm, Backpapier, großes Küchenmesser, Schneidebrett, Pfanne, Bratenwender

Zutaten	Zubereitung
200 g Mehl 100 g Butter ½ TL Salz 1 Eigelb 2–3 EL kaltes Wasser Mehl zum Ausrollen	den Mürbeteig nach dem Grundrezept herstellen (s. S. 153, salziger Mürbeteig), ca. 1 Stunde im Kühlschrank ruhen lassen *Hinweis:* Wenn es schneller gehen soll, kannst du auch einfach TK-Blätterteig nehmen.
100 g Frühstücks- oder Schinkenspeck 2 EL Öl	Speck in kleine Würfel schneiden, in Öl anbräunen
1 kg Lauch	putzen, waschen, längs aufschlitzen, in Ringe und in dünne Scheiben schneiden, zum Speck geben und 10 Min. dünsten
Salz, Pfeffer, geriebene Muskatnuss	hinzugeben
3 Eier ¼ l Sahne	miteinander verquirlen
	eine flache Springform mit dem Mürbeteig auslegen, die Lauchmasse einfüllen und die Eiermilch darüber gießen, auf mittlerer Schiene bei 200 °C 30–40 Min. backen

Tipp:
Du kannst die Quiche herzhaft oder süß zubereiten, z. B. mit Gemüse, Hackfleisch und Schafskäse oder mit Apfelstückchen, Heidelbeeren oder Birnen.

Crêpes

Garart: (aus)backen

Zutaten	Zubereitung
250 g Mehl ½ l Milch 4 Eier 1 Päckchen Vanillezucker 1 Prise Salz	mit dem Handrührgerät 1 Min. auf hoher Stufe zusammen verrühren
50 g Butter	Butter in kleinem Topf schmelzen und die geschmolzene Butter langsam unter die Milchmasse rühren
etwas Öl zum Braten	in eine beschichtete Pfanne geben und aus dem Teig portionsweise hauchdünne Eierkuchen backen

Arbeitsplatz einrichten:
Küchenwaage oder Messbecher, Schüssel, Handrührgerät mit Schneebesen, Pfanne, Bratenwender, kleiner Kochtopf

Tipp:
Du kannst die fertigen Crêpes süß oder herzhaft füllen, z. B. mit Konfitüre, Schokocreme, Apfelmus oder auch Gemüse – erlaubt ist, was schmeckt. Wenn du sie etwas dicker ausbackst, erhältst du Pfannkuchen.

Nährwerttabelle

Lebensmittel: 100 g bzw. ml eingekaufte Ware; + = minimaler Anteil	Eiweiß	Fett	Kohlenhydrate	Ballaststoffe	Energie		Mineralstoffe		Vitamine				Wasser	Menge*
							Calcium	Eisen	A	B1	B2	C		
	g	g	g	g	kJ	kcal	mg	mg	µg	mg	mg	mg	ml	g bzw. ml
Getreide und Mehle														
Cornflakes	7	1	80	4	1600	380	13	2,0	0	0,06	0,06	75	12	30
Haferflocken	13	7	63	5	1565	373	50	4,0	0	0,65	0,15	0	13	EL 10
Vollkornnudeln, gekocht	5	2	24	4	570	136	20	1,0	25	0,10	0,03	0	63	150
Vollkornreis, gekocht	3	1	27	1	550	131	33	0,7	0	0,07	0,02	0	66	150
Reis, poliert, gekocht	2	+	29	+	530	126	9	0,1	0	0,01	0,01	0	73	150
Wildreis	7	2	73	3	1440	343	25	2,0	0	4,00	0,09	0	13	60
Roggenmehl, Type 1800	9	2	61	13	1415	336	65	4,6	60	0,35	0,17	0	13	60
Weizen	12	2	61	10	1320	314	44	3,3	3	0,50	0,15	0	13	60
Weizenmehl, Type 100	11	2	60	10	1449	345	40	3,3	0	0,45	0,15	0	15	EL 10
Weizenmehl, Type 550	11	1	68	4	1380	329	15	1,9	0	0,11	0,10	0	15	EL 10
Weizenmehl, Type 405	10	1	71	4	1415	337	15	1,1	0	0,06	0,03	0	13	EL 10
Brot und Backwaren														
Baguette	8	1	55	3	1110	262	18	1,2	0	0,06	0,05	0	31	80
Brötchen	8	2	50	3	1065	254	27	1,2	0	0,10	0,03	0	36	40
Croissant	6	26	35	1	1710	407	80	1,0	120	0,06	0,05	0	31	30
Knäckebrot	9	1	66	14	1315	313	85	4,7	2	0,20	0,18	0	9	10
Mehrkornbrot	8	2	43	9	945	225	25	2,2	0	0,13	0,12	0	36	40
Roggenbrot	7	1	48	6	955	227	30	2,5	0	0,18	0,11	0	38	40
Roggenvollkornbrot	6	1	41	8	855	204	40	3,3	5	0,18	0,15	0	31	50
Roggen-Toastbrot	7	4	48	4	1090	260	35	1,8	25	0,13	0,35	0	36	20
Weizen-Toastbrot	7	4	48	4	1090	260	45	1,4	25	0,10	0,19	0	36	20
Weizenvollkornbrot	7	1	41	8	855	204	60	2,0	5	0,25	0,15	0	42	50
Waffeln	12	30	30	1	1750	417	100	0,9	100	0,03	0,11	0	34	40
Kartoffeln														
Kartoffeln, ungeschält	2	+	15	3	350	83	10	0,4	1	0,10	0,05	17	78	250
Bratkartoffeln	3	8	19	2	685	163	12	1,1	1	0,09	0,04	16	66	200
Kartoffelpüree	2	2	12	1	315	75	42	0,6	1	0,07	0,07	9	81	200
Kartoffelchips	6	40	41	4	2360	562	50	2,3	10	0,20	0,10	17	7	30
Kartoffelklöße	4	1	19	1	430	102	15	1,0	10	0,09	0,08	9	73	200
Kartoffelkroketten	2	18	23	1	1125	268	12	1,1	10	0,07	0,10	8	54	150
Kartoffelpuffer	5	21	25	2	1330	317	20	1,4	10	0,10	0,30	13	46	50
Pellkartoffeln	2	+	17	2	290	69	10	0,8	1	0,10	0,04	18	77	200
Pommes frites	4	13	31	4	1100	262	20	1,6	7	0,15	0,20	23	44	150
Salzkartoffeln	2	+	15	2	290	69	20	0,7	1	0,07	0,03	12	79	200
Gemüse														
Auberginen	2	+	3	1	90	21	80	0,4	7	0,04	0,05	5	92	300
Avocados	2	15	4	3	685	163	10	0,6	32	0,08	0,15	13	74	200
Blumenkohl	3	+	3	3	105	25	20	0,6	2	0,11	0,10	73	89	250
Bohnen, grün	2	+	5	2	120	29	60	0,8	60	0,08	0,12	20	89	200

Lebensmittel: 100 g bzw. ml eingekaufte Ware; + = minimaler Anteil	Eiweiß	Fett	Kohlenhydrate	Ballaststoffe	Energie		Mineralstoffe		Vitamine				Wasser	Menge*
							Calcium	Eisen	A	B1	B2	C		
	g	g	g	g	kJ	kcal	mg	mg	µg	mg	mg	mg	ml	g bzw. ml
Gemüse														
Brokkoli	3	+	3	3	105	25	105	1,3	145	0,10	0,21	114	89	250
Champignons	3	+	1	2	70	17	20	1,1	2	0,10	0,45	4	92	150
Chicorée	1	+	2	1	55	13	25	0,7	575	0,05	0,03	10	94	150
Chinakohl	1	+	1	2	40	10	40	0,6	70	0,03	0,04	36	94	150
Eisbergsalat	1	+	2	1	55	13	20	0,4	210	0,11	0,01	3	94	150
Endiviensalat	2	+	+	2	40	10	55	1,4	280	0,05	0,12	9	94	150
Erbsen, grün	7	1	13	4	260	62	25	1,8	50	0,30	0,16	25	73	250
Essiggurke	1	+	3	1	70	17	30	1,6	65	0	0,02	5	93	50
Feldsalat (Rapunzelsalat)	2	+	1	2	55	13	35	2,0	650	0,07	0,08	35	92	50
Frühlingszwiebel	2	+	3	2	90	21	40	1,9	105	0,05	0,03	26	91	50
Fenchel	2	+	3	3	90	21	100	2,7	785	0,22	0,11	93	90	100
Knoblauch	6	+	24	4	515	123	38	1,4	0	0,20	0,08	14	64	10
Kohlrabi	2	+	4	1	100	24	70	0,9	35	0,05	0,05	64	91	250
Kopfsalat	1	+	1	2	40	10	35	1,1	240	0,06	0,08	13	94	100
Kürbis	1	+	5	1	100	24	22	0,8	125	0,05	0,07	12	91	250
Möhren/Karotten/Wurzeln	1	+	5	3	120	28	40	2,1	1600	0,07	0,05	7	89	250
Paprikaschote	1	+	3	2	120	29	10	0,8	180	0,06	0,05	139	92	250
Peperoni	3	1	1	2	105	25	30	1,2	80	0,07	0,08	120	91	5
Pfifferlinge	2	1	+	6	75	18	4	6,5	217	0,02	0,20	6	90	150
Petersilie, Kresse	4	+	1	4	90	21	245	5,5	730	0,14	0,30	166	89	EL 5
Porree/Lauch	2	+	3	2	90	21	87	1,0	165	0,10	0,06	30	91	250
Radieschen	1	+	2	2	55	13	35	1,5	4	0,03	0,03	29	93	125
Rhabarber	1	+	3	3	70	17	52	0,5	12	0,03	0,03	10	91	125
Rosenkohl	5	+	4	4	155	40	30	1,1	75	0,15	0,14	114	85	250
Rote Bete	2	+	9	3	185	44	30	0,9	2	0,02	0,04	10	86	250
Rotkohl	2	+	4	3	100	24	35	0,5	3	0,07	0,05	50	89	250
Salatgurke	1	+	2	1	55	13	15	0,5	65	0,02	0,03	8	94	150
Sauerkraut	2	+	2	2	70	17	50	0,6	3	0,03	0,05	20	92	125
Schnittlauch	3	+	5	6	135	32	130	1,6	50	0,14	0,15	47	84	EL 5
Sellerieknolle	1	+	5	4	105	25	50	0,4	2	0,05	0,05	6	88	125
Spargel	2	+	2	2	70	17	20	1,0	85	0,10	0,10	21	92	250
Spinat	3	+	1	2	70	17	120	4,1	780	0,10	0,20	52	92	250
Tomatensaft	1	+	3	2	70	17	15	0,5	85	0,06	0,04	24	92	70
Tomatenketchup	2	+	24	1	445	106	25	1,2	100	0,07	0,06	10	71	EL 15
Tomatenmark	2	1	9	1	225	54	27	0,5	102	0,09	0,06	9	85	EL 15
Zucchini	2	+	2	1	70	17	30	1,5	30	0,05	0,09	16	93	250
Mais	3	1	16	4	376	90	6	0,6	8	0,15	0,12	12	74	250
Zwiebel	1	+	6	3	120	29	31	0,5	1	0,03	0,03	9	88	55

Lebensmittel: 100 g bzw. ml eingekaufte Ware; + = minimaler Anteil	Eiweiß	Fett	Kohlenhydrate	Ballaststoffe	Energie		Mineralstoffe		Vitamine				Wasser	Menge*
							Calcium	Eisen	A	B1	B2	C		
	g	g	g	g	kJ	kcal	mg	mg	µg	mg	mg	mg	ml	g bzw. ml
Hülsenfrüchte														
Bohnen, weiß	21	2	57	17	1405	335	105	6,1	67	0,45	0,15	3	2	60
Erbsen, gelb, geschält	22	1	59	16	1415	337	51	5,2	13	0,75	0,27	1	1	60
Kichererbsen	20	3	49	21	1290	307	125	6,9	30	0,50	0,20	4	5	60
Kidneybohnen	22	1	44	16	1160	276	100	6,4	1	0,65	0,20	4	15	60
Linsen	24	1	56	11	1400	333	75	6,9	20	0,45	0,25	2	7	60
Sojabohnen	34	18	6	22	1380	329	200	6,6	63	1,0	0,50	0	10	60
Sojasprossen	5	1	3	1	175	42	42	0,8	4	0,20	0,12	0	88	100
Obst														
Ananas	+	+	20	1	240	57	16	0,4	3	0,08	0,03	20	77	125
Apfel, frisch	+	+	12	2	245	58	7	0,5	4	0,04	0,03	12	86	160
Aprikose, frisch	1	+	11	2	205	49	17	0,6	265	0,04	0,05	10	84	50
Banane	1	+	16	3	415	98	8	0,6	8	0,05	0,06	11	78	150
Birne	1	+	13	3	240	57	9	0,3	3	0,03	0,04	5	81	150
Brombeeren	1	+	9	3	170	40	44	0,9	45	0,03	0,04	17	85	125
Datteln, frisch	1	+	27	3	475	113	21	0,3	25	0,05	0,06	12	67	30
Erdbeeren	1	+	7	2	140	33	25	1,0	3	0,03	0,06	62	88	125
Feigen, frisch	1	+	13	2	240	57	54	0,6	8	0,06	0,05	3	82	30
Granatapfel	+	+	9	6	155	40	8	0,5	0	0,05	0,02	7	86	200
Grapefruit	1	+	7	1	135	32	10	0,2	34	0,05	0,03	44	89	375
Heidelbeeren	1	+	13	5	240	57	13	0,9	6	0,02	0,02	22	79	125
Himbeeren	1	+	8	5	155	37	40	1,0	4	0,03	0,07	25	84	125
Holunderbeeren	3	+	7	7	170	40	37	1,6	60	0,07	0,07	18	81	125
Honigmelone	1	+	5	1	100	24	6	0,2	783	0,06	0,02	32	91	150
Johannisbeeren, rot	1	+	9	4	170	40	30	0,9	4	0,04	0,03	36	84	125
Johannisbeeren, schwarz	1	+	12	7	220	52	45	1,3	13	0,05	0,05	190	78	125
Kirschen	1	+	14	1	255	61	17	0,4	6	0,04	0,04	15	82	125
Kiwi	1	+	12	4	220	52	40	0,8	7	0,02	0,05	71	81	50
Mandarine	1	+	8	2	155	40	33	0,3	71	0,06	0,03	32	87	60
Mango	1	+	11	2	205	49	10	0,4	200	0,05	0,4	37	84	150
Nektarine	1	+	16	2	290	69	4	0,5	1	0,02	0,05	8	79	125
Orange	1	+	9	2	170	40	42	0,4	11	0,09	0,04	50	86	200
Papaya	+	+	8	2	135	32	20	0,4	160	0,03	0,04	80	88	150
Pfirsich	1	+	10	2	185	44	8	0,5	15	0,03	0,05	10	85	125
Pflaume, Zwetschge	1	+	14	2	285	67	15	0,4	65	0,07	0,04	5	81	35
Preiselbeeren	+	+	9	3	155	40	14	0,5	4	0,02	0,02	12	86	125
Stachelbeeren	1	+	9	3	170	40	25	0,6	18	0,02	0,02	34	85	125
Wassermelone	+	+	3	2	50	12	11	0,4	87	0,05	0,05	6	93	150
Weintrauben	1	+	15	2	300	71	18	0,5	5	0,05	0,03	4	80	125
Zitronen	1	+	5	4	100	24	10	0,5	1	0,05	0,02	53	88	80

Lebensmittel: 100 g bzw. ml eingekaufte Ware; + = minimaler Anteil	Eiweiß	Fett	Kohlenhydrate	Ballaststoffe	Energie		Mineralstoffe		Vitamine				Wasser	Menge*
							Calcium	Eisen	A	B1	B2	C		
	g	g	g	g	kJ	kcal	mg	mg	µg	mg	mg	mg	ml	g bzw. ml
Nüsse														
Cashewnüsse	18	42	30	3	2455	585	30	2,8	10	0,63	0,25	0	5	2
Erdnüsse, frisch	26	48	8	11	2450	583	40	1,8	1	0,90	0,15	0	5	75
Erdnüsse, geröstet	26	49	9	11	2660	633	65	2,3	110	0,25	0,14	0	3	50
Haselnüsse	14	62	13	7	2855	679	225	3,8	5	0,40	0,20	3	2	2
Mandeln	18	54	16	10	2685	639	250	4,1	23	0,22	0,60	1	2	2
Sonnenblumenkerne	27	49	8	7	2505	596	100	6,3	2	1,90	0,14	0	1	EL 25
Walnüsse	15	63	14	5	2950	702	85	2,1	10	0,35	0,10	3	1	4
Milch und Milchprodukte														
Vollmilch, 3,5 % Fett	4	4	5	0	310	74	120	0,1	31	0,04	0,18	2	85	200
Milch, fettarm	4	2	5	0	230	55	118	0,1	13	0,04	0,18	2	87	200
Buttermilch	4	1	4	0	175	42	110	0,1	0	0,03	0,16	1	89	200
Joghurt, Vollmilch	5	4	5	0	310	73	120	0,1	31	0,04	0,18	2	84	150
Vollmilchjoghurt mit Früchten	4	3	15	1	410	98	120	0,1	20	0,04	0,15	224	76	150
Joghurt, fettarm	4	2	5	0	230	55	115	0,1	13	0,04	0,17	2	87	150
Kakaotrunk	4	1	10	0	275	65	120	0,3	30	0,04	0,17	1	83	200
Kefir	4	4	5	0	310	74	120	0,1	31	0,04	0,17	3	85	150
Sahne, saure	3	18	4	0	820	195	110	0,1	74	0,04	0,16	1	73	EL 15
Schlagsahne	2	30	4	0	1260	300	80	0,1	275	0,03	0,15	1	62	EL 15
Schmand	3	24	3	0	1040	248	93	0,1	200	0,04	0,14	1	68	EL 15
Crème fraîche	2	40	3	0	1645	392	73	0,1	275	0,03	0,11	1	53	EL 15
Käse und Quark														
Camembert, 45 % Fett	21	22	2	0	1250	298	570	0,2	240	0,04	0,50	0	53	30
Doppelrahmfrischkäse	15	35	2	0	1655	394	80	0,1	310	0,02	0,20	0	45	30
Feta, Schafskäse	17	19	1	0	1045	249	450	0,7	210	0,04	0,30	0	61	40
Gouda	24	27	2	0	1495	356	800	0,3	300	0,04	0,30	0	45	30
Mozzarella	20	16	1	0	980	233	450	0,3	200	0,04	0,35	0	61	30
Schmelzkäse, 45 % Fett	14	24	6	0	1275	304	545	0,9	250	0,03	0,38	0	54	30
Kräuterquark	10	10	5	1	645	154	90	0,3	200	0,03	0,25	2	73	50
Sahnequark, 40 % Fett	12	11	3	0	720	171	120	0,4	100	0,03	0,24	1	62	50
Speisequark, mager	14	+	4	0	305	73	120	0,4	20	0,04	0,30	1	80	50
Eier														
Hühnerei, Stück	7	6	1	0	370	88	30	1,2	115	0,04	0,17	0	45	60
Rührei	12	14	1	0	765	182	70	1,8	190	0,10	0,28	0	71	50
Spiegelei	13	18	1	0	940	224	50	1,7	190	0,07	0,28	0	66	50
Fisch														
Aal	9	18	+	0	855	204	17	0,6	980	0,18	0,32	2	71	150
Bismarckhering	16	15	+	0	855	204	38	1,5	36	0,05	0,21	0	67	100
Brathering	17	15	+	0	875	208	26	1,1	20	0,01	0,13	0	66	100
Fischfrikadelle	12	14	16	2	1070	255	8	0,5	8	0,11	0,15	0	54	50
Fischstäbchen	16	7	20	1	885	211	7	0,4	8	0,13	0,13	0	54	30

Lebensmittel: 100 g bzw. ml eingekaufte Ware; + = minimaler Anteil	Eiweiß g	Fett g	Kohlenhydrate g	Ballaststoffe g	Energie kJ	Energie kcal	Mineralstoffe Calcium mg	Mineralstoffe Eisen mg	Vitamine A µg	Vitamine B1 mg	Vitamine B2 mg	Vitamine C mg	Wasser ml	Menge* g bzw. ml
Fisch														
Forelle	10	1	+	0	210	50	18	0,7	12	0,08	0,08	1	87	150
Garnelen	19	1	0	0	360	86	90	1,8	2	0,05	0,03	2	78	50
Heilbutt	16	2	+	0	350	83	15	0,6	32	0,08	0,07	1	80	200
Hering, Filet	18	15	+	0	890	212	35	1,1	40	0,05	0,25	1	65	200
Heringsfilet in Tomatensoße	15	15	3	0	875	208	50	1,9	10	0,06	0,18	5	66	100
Kabeljau-/Dorschfilet	17	+	+	0	290	69	11	0,5	10	0,05	0,05	2	81	150
Karpfen	10	3	+	0	285	68	50	1,1	44	0,07	0,05	1	85	200
Krabben	19	2	2	0	435	106	100	1,7	0	0,05	0,04	1	75	50
Lachs	13	9	+	0	570	136	13	1,0	15	0,17	0,17	1	76	150
Lachs, geräuchert	25	5	+	0	620	148	10	0,6	15	0,16	0,17	1	68	40
Makrele	12	8	+	0	515	123	12	1,0	100	0,13	0,36	1	78	200
Matjeshering	16	23	+	0	1170	255	43	1,3	15	0,05	0,21	0	59	80
Rollmops	16	15	+	+	855	204	60	2,6	9	0,05	0,14	1	67	50
Rot-/Goldbarschfilet	18	4	+	0	470	111	22	0,7	12	0,11	0,08	1	76	150
Schellfisch	10	+	+	0	170	40	18	0,6	17	0,05	0.17	1	88	200
Scholle	10	+	+	0	170	40	60	0,9	3	0,21	0,22	2	88	200
Seelachsfilet	18	1	+	0	345	82	15	1,0	11	0,10	0,35	0	79	150
Shrimps, ausgelöst	17	1	0	0	330	79	125	2,5	2	0,01	0,02	1	80	50
Thunfisch	22	16	+	0	1000	238	20	1,0	450	0,16	0,16	1	60	200
Thunfisch in Öl	24	21	+	0	1225	292	10	0,6	370	0,05	0,06	1	53	50
Zander	19	1	+	0	360	86	27	1,4	2	0,16	0,25	1	78	200
Geflügel														
Brathähnchen	15	4	+	0	415	99	10	0,7	35	0,08	0,14	2	79	250
Ente	15	14	+	0	800	190	11	2,4	50	0,14	0,30	0	69	125
Gans	10	20	+	0	950	226	12	1,9	65	0,12	0,26	0	68	125
Hähnchenkeule	15	2	+	0	335	80	15	1,8	30	0,10	0,24	0	81	200
Hähnchenbrust	16	1	+	0	310	74	14	1,1	30	0,07	0,09	1	81	125
Putenfleisch	23	3	+	0	510	121	10	0,8	10	0,01	0,18	0	72	100
Suppenhuhn	20	13	0	0	845	201	11	1,5	50	0,08	0,14	0	65	125
Rindfleisch														
Filet	21	1	+	0	395	94	3	2,3	20	0,23	0,26	0	75	125
Hackfleisch	20	9	+	0	630	150	10	2.5	12	0,16	0,16	0	69	90
Schweinefleisch														
Eisbein	18	20	+	0	1085	258	11	1,5	8	0,32	0,19	0	60	125
Filet	20	9	+	0	690	164	2	3,0	6	1,10	0,31	0	69	125
Hackfleisch	20	11	+	0	770	183	9	3,0	5	0,80	0,20	0	67	90
Kasseler	21	17	+	0	1020	243	15	1,9	5	0,56	0,14	0	60	125
Kotelett	20	9	+	0	690	164	11	1,8	9	0,80	0,19	0	69	125
Schnitzel, mager	21	2	+	0	435	104	9	1,7	6	0,80	0,19	0	75	125

Lebensmittel: 100 g bzw. ml eingekaufte Ware; + = minimaler Anteil	Eiweiß	Fett	Kohlenhydrate	Ballaststoffe	Energie		Mineralstoffe		Vitamine				Wasser	Menge*
							Calcium	Eisen	A	B1	B2	C		
	g	g	g	g	kJ	kcal	mg	mg	µg	mg	mg	mg	ml	g bzw. ml
Lamm														
Lammgulasch	16	28	+	0	1365	325	7	1,2	0	0,1	0,18	0	54	125
Lammkotelett	15	35	+	0	1620	386	7	1,2	0	0,09	0,16	0	48	125
Wurst, Fleischwaren														
Bockwurst	12	25	+	0	1180	281	11	0,6	2	0,23	0,06	20	61	100
Bratwurst, Schwein	10	29	+	0	1300	310	5	1,0	3	0,28	0,22	20	59	150
Cervelatwurst	17	41	+	0	1890	450	25	1,7	4	0,10	0,20	20	40	20
Currywurst	19	24	+	0	1260	300	22	1,7	1	0,15	0,14	20	55	100
Fleischwurst	11	30	+	0	1355	323	14	1,7	3	0,50	0,16	20	57	100
Frikadelle	17	18	6	1	800	190	27	1,8	21	0,32	0,20	0	56	50
Geflügelwurst	16	5	+	0	465	111	25	1,9	24	0,18	0,23	20	77	25
Leberwurst, mager	17	21	+	0	1110	264	9	5,5	1700	0,15	1,10	20	60	30
Lyoner, Breslauer	12	30	+	0	1275	304	14	1,0	3	0,44	0,10	20	56	25
Mettwurst	12	51	+	0	2195	523	13	1,6	3	0,20	0,15	20	35	20
Mortadella	12	32	+	0	1450	345	40	3,1	0	0,10	0,15	20	54	20
Rostbratwurst	30	13	+	0	1015	242	26	2,6	4	0,11	0,21	20	55	100
Salami	17	47	+	0	2180	519	35	2,7	6	0,18	0,20	20	34	10
Schinken, gekocht	19	20	+	0	1105	263	12	2,4	27	0,58	0,20	0	59	50
Schinken, roh	16	29	+	0	1405	335	10	2,0	0	0,50	0,21	0	53	50
Speck, fett	2	80	+	0	3155	751	10	0,8	0	0,40	0,14	0	16	35
Teewurst	16	33	+	0	1560	371	17	1,6	6	0,63	0,17	20	49	20
Wiener Würstchen	15	21	+	0	1075	256	15	1,4	3	0,34	1,20	20	62	80
Fette, Öle														
Butter	1	83	0	0	3240	771	13	0,2	590	0,01	0,02	0	14	10 EL
Erdnussöl	0	100	0	0	3700	900	0	0,1	0	0	0	0	0	10
Halbfettbutter	3	40	0	0	1610	383	20	0,1	380	0,01	0,02	0	55	10
Halbfettmargarine	6	40	0	0	1495	364	12	0	500	0	0	0	52	10
Kräuterbutter	1	73	1	+	2880	686	15	0.1	580	0,01	0,02	0	23	10
Margarine	1	80	0	0	2970	722	10	0,1	500	0	0	0	17	10
Mayonnaise, 80 % Fett	2	80	3	0	3080	733	18	1,0	60	0,04	0,04	0	13	12
Olivenöl	0	100	0	0	3700	900	0	0,4	120	0	0	0	0	10
Rapsöl	0	100	0	0	3700	900	0	0	0	0	0	0	0	10
Remoulade	1	50	9	0	2120	505	25	0,9	50	0,04	0,05	10	38	12
Salatmayonnaise	1	52	5	0	2130	507	14	0,4	50	0,01	0,02	0	40	12
Salatsoße, Joghurt	2	16	11	0	845	201	122	0,5	40	0,05	0,17	8	69	10
Sonnenblumenöl	0	100	0	0	3700	900	0	0	4	0	0	0	0	10

Lebensmittel: 100 g bzw. ml eingekaufte Ware; + = minimaler Anteil	Eiweiß	Fett	Kohlenhydrate	Ballaststoffe	Energie		Mineralstoffe		Vitamine				Wasser	Menge*
							Calcium	Eisen	A	B1	B2	C		
	g	g	g	g	kJ	kcal	mg	mg	µg	mg	mg	mg	ml	g bzw. ml
Sonstige Lebensmittel														
Bienenhonig	+	+	81	0	1375	327	5	1,3	1	0,01	0,01	5	17	EL 10
Eiscreme	4	12	21	0	895	213	160	0,1	40	0,04	0,04	1	61	30
Fruchteis	2	2	29	1	605	144	45	0,4	10	0,02	0,02	14	64	30
Fruchtgummi	10	0	80	0	1530	364	2	0,1	0	0	0	0	8	5
Kakaogetränkepulver, löslich	5	2	81	6	1540	367	33	2,4	0	3,00	4,50	0	4	EL 5
Kaugummi	0	0	79	0	1345	320	10	0,5	0	0	0	0	2	5
Konfitüre	+	0	66	1	1120	267	20	0,5	10	0,01	0,01	5	32	EL 10
Lakritz	+	+	60	0	1020	243	0	0	0	0	0	0	20	5
Marzipan	8	25	57	3	2080	495	45	0,9	0	0,10	0,45	2	12	50
Müsliriegel	8	19	48	5	1695	404	85	2,7	25	0,27	0,14	3	18	30
Nuss-Nugat-Creme	5	35	50	1	2300	548	130	3,0	30	0,12	0,20	1	8	EL 10
Vollmilchschokolade	9	32	54	0	2320	552	215	2,3	50	0,11	0,37	0	3	5
Weiße Schokolade	8	31	58	0	2330	555	270	0,2	4	0,08	0,49	0	2	5
Zartbitterschokolade	9	34	39	0	2140	510	45	3,6	0	0,04	0,10	0	16	5
Zucker	0	0	100	0	1700	405	1	0,3	0	0	0	0	0	5
Alkoholfreie Getränke														
Apfelsaft	+	+	12	+	190	45	7	0,3	7	0,02	0,02	4	87	200
Apfelfruchtsaftgetränk	+	+	12	+	205	49	3	0,1	3	0,01	0,01	2	87	200
Cola-Getränk	0	0	11	0	185	44	4	0	0	0	0	0	88	200
Cola-Getränk, light	0	0	+	0	10	2	3	0	0	0	0	0	99	200
Früchtetee	0	0	0	0	5	1	10	0,1	0	0,01	0,01	0	99	200
Gemüsesaft	1	+	6	+	120	29	40	0,3	50	0,05	0,05	10	92	200
Limonade	0	0	12	0	205	49	5	0,1	0	0	0	0	88	200
Mineralwasser	0	0	0	0	0	0	10	0,2	0	0	0	0	99	200
Multivitaminnektar	1	+	11	+	205	49	20	0,3	220	0,50	0,80	40	87	200
Orangensaft	1	+	10	+	185	44	13	0,3	12	0,08	0,02	44	88	200
Orangennektar	+	+	10	+	170	40	7	0,1	6	0,04	0,01	40	88	200
Tee, schwarz	0	0	0	0	0	0	10	0,1	0	0	0,01	0	99	250
Tomatensaft	1	+	4	+	100	23	15	0,6	90	0,05	0,04	17	94	200
Traubensaft	+	+	18	+	305	73	12	0,4	1	0,04	0,02	1	80	200
Alkoholische Getränke														
Bier	1	0	3	0	200	48	3	0	0	0	0,03	0	90	330
Rotwein	+	0	3	0	280	67	7	0,9	0	0	0,01	2	90	125
Sekt	+	0	4	0	350	83	3	0,5	0	0	0,01	0	93	100
Weißwein	+	0	3	0	290	69	10	0,6	0	0	0,01	0	90	125

Wichtige Küchengeräte von A bis Z

Backblech

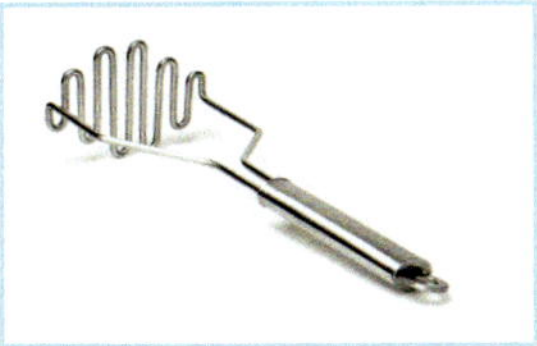

Kartoffelstampfer

Kochtopf

Kuchenform

Küchenmesser

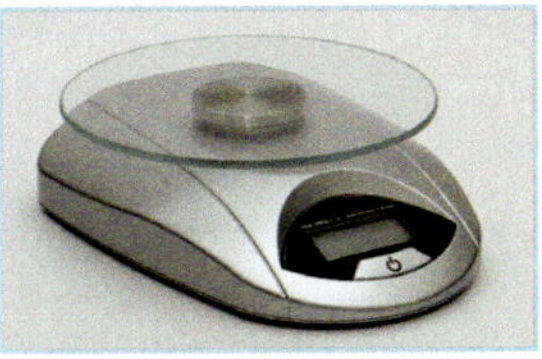

Küchenwaage

Küchenuhr/-wecker

Messbecher

Pfanne

Pfannen- oder Bratenwender

Reibe

Rührschüssel

Salatbesteck

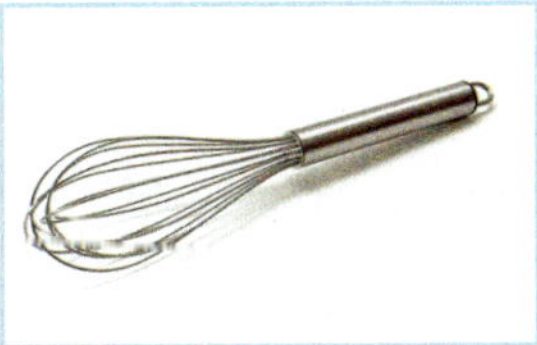

Schneebesen (Rührbesen)

Schneidebrett

Schöpflöffel/-kelle

Sieb

Seiher (Durchschlag)

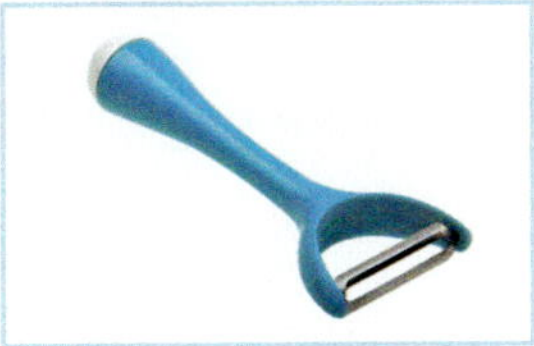

Sparschäler

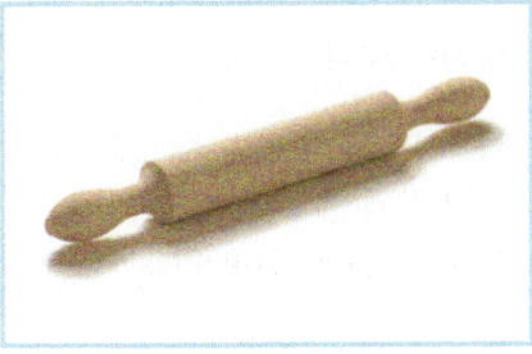

Teigrolle (Nudelholz)

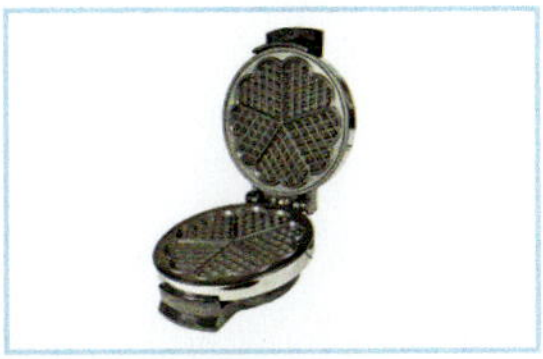

Waffeleisen

Zitronenpresse

Saisonkalender: Obst und Gemüse (heimische Sorten)

	Jan.	Feb.	März	April	Mai	Juni	Juli	Aug.	Sept.	Okt.	Nov.	Dez.
Obst												
Apfel	✘*	✘*	✘*	✘*				✘	✘	✘	✘	✘*
Birne								✘	✘	✘		
Brombeere							✘	✘	✘			
Erdbeere					✘	✘	✘					
Heidelbeere							✘	✘				
Himbeere						✘	✘	✘				
Kirsche						✘	✘	✘				
Pfirsich						✘	✘	✘				
Pflaume							✘	✘	✘			
Gemüse												
Blumenkohl					✘	✘	✘	✘	✘	✘		
Bohnen (grün)						✘	✘	✘	✘			
Brokkoli						✘	✘	✘	✘	✘		
Erbsen (grün)						✘	✘	✘				
Gurken							✘	✘	✘	✘		
Kartoffeln	✘*	✘*	✘*				✘	✘	✘	✘	✘*	✘*
Kohlrabi					✘	✘	✘	✘	✘			
Kürbis	✘*								✘	✘	✘	*
Lauch	✘*	✘*				✘	✘	✘	✘	✘	✘	✘*
Möhren	✘*	✘*	✘*	✘*	✘	✘	✘	✘	✘	✘	✘	✘*
Paprika						✘	✘	✘	✘	✘		
Radieschen					✘	✘	✘	✘	✘	✘		
Rhabarber				✘	✘	✘	✘					
Rosenkohl	✘	✘									✘	✘
Sellerieknollen									✘	✘	✘	
Spargel				✘	✘	✘						
Spinat				✘	✘	✘	✘		✘	✘		
Tomaten							✘	✘	✘	✘		
Zucchini						✘	✘	✘	✘	✘		
Zwiebeln	✘*	✘*	✘*	✘*	✘	✘	✘	✘	✘	✘	✘*	✘*
Salate												
Eisbergsalat					✘	✘	✘	✘	✘	✘		
Endiviensalat						✘	✘	✘	✘	✘		
Feldsalat	✘	✘									✘	✘
Kopfsalat				✘	✘	✘	✘	✘	✘			
Lollo rosso					✘	✘	✘	✘	✘	✘		
	Jan.	Feb.	März	April	Mai	Juni	Juli	Aug.	Sept.	Okt.	Nov.	Dez.

* Lagergemüse/-obst

Nützliche Internetlinks

www.aid.de (Land- und Hauswirtschaftlicher Auswertungs- und Informationsdienst)
Hier erhält man Basiswissen und Hintergrundinformationen zu Themen wie *Ernährung, Hauswirtschaft* und *Verbraucherschutz*.
Außerdem gibt es eine Jugendseite der aid: eine Jugendkampagne zum Thema *Lebensmittelsicherheit* und *gesunde Ernährung*. Hier findet man Rezepte, Spiele und diverse interessante Artikel.

www.bll.de (Bund für Lebensmittelrecht und Lebensmittelkunde e.V.)
Hier findet man Informationen zu vielen verbraucherschutzpolitischen Themen, wie z.B. Functional Food, BSE, Lebensmittelrecht.

www.bundesfachverbandessstoerungen.de (BFE)
Hier bekommt man Informationen zur qualifizierten Behandlung von Essstörungen mit Beschreibungen der verschiedenen Formen, einen Quick-Check, Literaturtipps und Leitlinien zur Behandlung.

www.bzga.de (Bundeszentrale für gesundheitliche Aufklärung)
Auf dieser Internetseite geht es vor allem um die Themen Gesundheit und Prävention.

www.dge.de (Deutsche Gesellschaft für Ernährung e. V.)
Die Deutsche Gesellschaft für Ernährung beschäftigt sich mit allen auf dem Gebiet der Ernährung auftretenden Fragen. Sie ist beteiligt bei ernährungswissenschaftlicher Forschung, informiert über neue Erkenntnisse und Entwicklungen und macht diese durch Publikationen und Veranstaltungen verfügbar.

www.hausgeraete-plus.de
Diese Internetseite stellt Hausgeräte dar, vor allem im Hinblick auf den Energieverbrauch (Schlagworte: kühlen und gefrieren, waschen und trocknen, spülen, kochen, backen und braten).

www.hausundgrund-mietvertrag.de
Hier gibt es alle Arten von Mietverträgen zum Download.

www.immobilienscout24.de
Hier wird die Immobiliensuche durch eine Suchmaschine erleichtert, die nach der Eingabe von individuellen Kriterien die Ergebnisse anzeigt.

www.immowelt.de
Hier wird die Immobiliensuche durch eine Suchmaschine erleichtert, die nach der Eingabe von individuellen Kriterien die Ergebnisse anzeigt.

www.internetratgeber-recht.de
Diese Internetseite präsentiert ausführliche Informationen zu allen Rechtsgebieten.

www.knigge.de
Hier kann man sich über Benimmregeln für jeden Bereich und jede Situation informieren.

www.naehrwertkompass.de
Diese Seite informiert über den *Nährwertkompass*. Er zeigt bei bestimmten Lebensmitteln an, wie viel Kalorien, Fett, Salz etc. eine Portion enthält. Alle Werte werden in Bezug zum Tagesbedarf gesetzt. Der Nährwertkompass ist oft auf der Vorderseite der Produktverpackung zu sehen.

www.oekotest.de
Hier werden dem Verbraucher Testergebnisse von getesteten Waren und Lebensmitteln sowie praktische Tipps für den Alltag vermittelt.

www.ral.de
Hier stellt sich der Umweltdienstleister RAL vor, der die Umweltzeichen *Blauer Engel* und *Euro-Blume* vergibt.

www.roterochs.de/serviettenfalten/
Hier gibt es einen Serviettenfaltkurs mit anschaulichen Schritt-für-Schritt-Anleitungen für verschiedene Modelle.

www.test.de (Stiftung Warentest)
Stiftung Warentest stellt hier ihre Testergebnisse für Waren und Lebensmittel vor. Außerdem bietet die Seite weiteren Service, z. B. Rezepte und Informationsdokumente.

www.ummelden.de
Auf dieser Internetseite findet man verschiedene Informationen zum Thema Umzug, u.a. zum Nachsendeantrag.

www.verbraucherzentrale.de
Auf dieser Internetseite findet man Informationen zu den Themen Verbraucherberatung und Produkttests.

www.was-steht-auf-dem-ei.de
Hier bekommt man Informationen rund ums Ei, z.B. über das Kennzeichnungssystem. Außerdem kann man die Nummer eingeben, die auf dem Ei steht, und erfährt dessen Herkunft.

www.was-wir-essen.de
Hier erfährt man alles über Lebensmittel: Lebensmittel und Schadstoffe von A–Z; Informationen zu Tier-, Verbraucher- und Umweltschutz, Bio-Lebensmittel, Gentechnik und gesunde Ernährung. Außerdem wird der Prozess von der Erzeugung über die Verarbeitung, den Einkauf/die Kennzeichnung bis hin zur Zubereitung/Lagerung an ausgewählten Lebensmitteln aufgezeigt.

www.zusatzstoffe-online.de
Auf dieser Internetseite können sich Verbraucher über Lebensmittelzusatzstoffe bzw. E-Nummern informieren. Es gibt u.a. Informationen zur Art und gesundheitlichen Bewertung der Zusatzstoffe.

Glossar

B

Ballaststoffe
Weitgehend unverdauliche Nahrungsbestandteile. Zusammen mit ausreichend Flüssigkeit regen sie die Verdauung im Darm an.

Bedürfnispyramide
Sie wurde von Herrn Maslow entwickelt und stellt Bedürfnisse von Menschen und ihre Wertigkeit dar.

Budget
Budget nennt man eine vorhandene begrenzte Geldmenge.

Bulimie
Bulimie ist eine Krankheit, die sich in einer Ess- und Brechsucht äußert.

C

China Syndrom
In China-Restaurants, aber auch in vielen Fertiggerichten werden zusätzliche Geschmacksverstärker (Glutamat) eingesetzt. Wenn es bei empfindlichen Menschen nach dem Besuch eines China-Restaurants zu Beschwerden wie Kopfschmerzen kommt, spricht man vom China Syndrom.

Convenience Food
Ganze oder teilweise vorgefertigte Komponenten, die die Zubereitung des Essens erleichtern und verkürzen sollen.

Courtage (auch: Provision)
Dies ist ein Geldbetrag, der vom Mieter/Käufer an den Vermittler gezahlt wird. In Deutschland beläuft sich die Courtage/Provision in der Regel auf 3–7% bei Immobilienverkäufen oder auf 1–2 Netto-Monatskaltmieten bei Immobilienvermietung.

D

Diät
So bezeichnet man spezielle Ernährungsformen, die zur Gewichtsabnahme (teilweise auch Zunahme), aber auch zur unterstützenden Behandlung bei Krankheiten, umgesetzt werden.

E

Eiweiße
Sie gehören zu den Baustoffen des Körpers und müssen mit der Nahrung aufgenommen werden.

Energie-Effizienzklasse
Je nach Verbrauch werden Geräte in Energie-Effizienzklassen von A bis G eingeteilt, die zusätzlich farblich abgestuft sind: von A (grün = niedriger Energieverbrauch) über C (gelb = mittlerer Energieverbrauch) bis G (rot = hoher Energieverbrauch).

Energielabel
Die meisten Haushaltsgroßgeräte müssen ein sogenanntes Energielabel (auch: Energieetikett, EU-Label, Energylabel) tragen, auf dem u. a. der Energieverbrauch des Gerätes ablesbar ist. Diese Verbraucherinformation ist seit 1998 in Deutschland gesetzlich vorgeschrieben.

E-Nummern
Hinter diesem Begriff verbergen sich die Zusatzstoffe für Lebensmittel nach den europäischen Vorschriften. Sie sind in normaler Verwendung für den menschlichen Organismus nicht toxisch, allergische Reaktionen sind aber möglich. Die Stoffe sind nach ihrem Gehalt (Anteil in %) aufgelistet.

F

Fast Food
So nennt man fertig zubereitete Speisen, die für den schnellen Verzehr hergestellt werden.

Fettbrand
Fettbrände sind Brände von Speisefetten oder -ölen, die über ihren Brennpunkt erhitzt wurden. Besonders problematisch sind Fettbrände, weil Löschversuche mit Wasser zu einer Fettexplosion führen können. Fettbrände also niemals mit Wasser löschen, sondern immer ersticken.

Fette (versteckte)
Fett liegt nicht ausschließlich in Form von Butter oder Speiseöl vor, sondern „versteckt" sich auch in Wurst und Käse, Schokolade, Nüssen und vielen anderen Nahrungsmitteln.

Functional Food
Lebensmittel, die eine gesundheitsfördernde Wirkung haben sollen.

G

Garverfahren
Ein Garverfahren ist ein Verfahren, mit dem ein (rohes) Lebensmittel gegart wird. Grundsätzlich unterscheidet man zwischen Garverfahren in trockener Hitze (z. B. Braten, Backen) und feuchter Hitze (z. B. Kochen, Dünsten). Welches Verfahren man wählt, ist abhängig von dem Lebensmittel. Zum Beispiel lässt man Lebensmittel oder Speisen, die leicht zerfallen können (z. B. Knödel) garziehen. Es gibt Garverfahren, um Speisen besonders nährstoff- und vitaminschonend zuzubereiten oder um bestimmte Nährstoffe zu reduzieren, wie zum Beispiel Fett.

Gefrierbrand
Bei Tiefkühlprodukten mit einer löcherigen Verpackung entsteht Gefrierbrand. An diesen Stellen vertrocknet das Produkt.

Greifraum
Der Greifraum ist der Bereich, der von einer Person mit den Händen erreicht werden kann, ohne den Standort zu verlassen. Am Küchenarbeitsplatz sollten im Greifraum alle benötigten Arbeitsmittel und Zutaten griffbereit stehen. Es gibt einen äußeren und einen inneren Greifraum. Der äußere Greifraum ist der Bereich, den man mit gestreckten Armen erreichen kann. Der innere Greifraum ist der Bereich, den man mit angewinkelten Armen erreichen kann. Teile, die häufig bei einer Arbeit benötigt werden, sollen sich im inneren Greifraum befinden.

Grundbedürfnisse
Dies sind Bedürfnisse, die jeder Mensch befriedigen muss, um leben zu können, z. B. Nahrung, Kleidung.

Grundumsatz
So wird die Menge an Energie bezeichnet, die der Mensch benötigt, um seine ununterbrochenen Lebensvorgänge in Gang zu halten, z. B. den Herzschlag und die Atmung.

Grüner Punkt
Der Grüne Punkt ist ein geschütztes Markenzeichen der Duales System Deutschland GmbH (DSD) und kennzeichnet Verkaufsverpackungen in Deutschland und 23 weiteren europäischen Staaten. Diese Verpackungen können entweder im Gelben Sack bzw. in der Gelben Tonne, in Altglascontainern oder in der Altpapiertonne gesammelt und dann entsorgt bzw. recycelt werden.

H

Haushaltsbuch
In dieses Buch trägt man seine gesamten monatlichen Einnahmen und Ausgaben ein. So erhält man einen Überblick und eine Kontrollmöglichkeit.

Hygiene
Hygiene bezeichnet Maßnahmen zur Vorbeugung von Infektionskrankheiten. Diese Maßnahmen können die Bereiche Reinigung, Desinfektion und Sterilisation umfassen.

K

Kaution
Sie ist eine Sicherheitszahlung an den Vermieter, auf die er bei Bedarf zurückgreifen kann, wenn der Mieter seine Miet- oder Schadensersatzpflicht nicht erfüllt.

Kilojoule
Maßeinheit zur Angabe der physiologischen Brennwerte von Nahrungsmitteln (1 Kilokalorie/kcal entspricht 4,1868 Kilojoule/kJ).

Kochtyp bei Kartoffeln
Kartoffeln werden in drei verschiedene Kochtypen eingeteilt. Der Kochtyp gibt an, welche Konsistenz die Kartoffel nach dem Garen hat: festkochend (z. B. für Kartoffelsalat), vorwiegend festkochend (z. B. für Salzkartoffeln) und mehligkochend (z. B. für Pürees).

Kohlenhydrate
Dazu gehören z. B. Zucker und Stärke. Sie sind wichtige Brennstoffe für den Körper.

Konfitüre
Marmelade ist eine streichfähige Fruchtzubereitung aus *Zitrusfrüchten*, wie zum Beispiel Orangen oder Zitronen. Als Konfitüre werden streichfähige Fruchtzubereitungen bezeichnet, die aus anderen Früchten hergestellt werden.

Konservierung
Mithilfe von Konservierungsmethoden können Lebensmittel haltbar gemacht werden. Man unterscheidet zwischen physikalischen Verfahren (z. B. Tiefgefrieren, Trocknen) und chemischen Verfahren (z. B. Säuern, Räuchern).

Konservierungsstoffe
Das sind Zusatzstoffe, die verhindern sollen, dass ein Lebensmittel, z. B. von Mikroorganismen oder Schimmel befallen wird. Letztendlich sollen Konservierungsstoffe also ein Produkt länger haltbar machen. Die Nummern E 200 bis E 270 stehen für Konservierungsstoffe, z. B. Sorbinsäure.

Krallengriff
Der Krallengriff bietet beim Kleinschneiden von Lebensmitteln die größtmögliche Sicherheit, weil das Messer an den Fingerknöcheln entlanggeführt wird.

Kühlkette
Die Kühlkette beschreibt den Weg der Tiefkühllebensmittel von der Ernte bis zum Endverbraucher. Dabei muss an jedem Punkt eine Temperatur von mindestens −18 °C eingehalten werden.

L

Lebensmittelgruppen
Lebensmittel lassen sich in verschiedene Gruppen einteilen. Ein Beispiel dafür ist die Lebensmittelpyramide oder der Ernährungskreis.

Leistungsumsatz
Menge an Energie, die der Mensch benötigt, um zu „arbeiten", z. B. Muskelarbeit oder geistige Arbeit.

Light-Produkte
Light-Produkte sollen kalorienärmer sein. Sie enthalten oft viele Zusatzstoffe.

M

Mäander/mäanderförmig
Der Name beschreibt ursprünglich die Windungen eines Flusses. Im Haushalt wird so eine effektive Wischtechnik beschrieben, z. B. beim Fensterputzen oder Bodenwischen.

Mietvertrag
Dieser Vertrag ist ein schriftliches Dokument, das die Vereinbarungen zwischen Mieter und Vermieter regelt.

Mindesthaltbarkeitsdatum (MHD)
Das MHD-Datum besagt, dass das Lebensmittel bei sachgemäßer Lagerung mindestens bis zu dem aufgeführten Tag haltbar ist.

N

Nährstoffe
Als Nährstoffe bezeichnet man verschiedene organische und anorganische Stoffe, die dem Körper zur Lebenserhaltung zugefügt werden müssen. Sie sind in den Lebensmitteln enthalten. Man unterscheidet Lebensmittel, die Energie liefern (Fett, Kohlenhydrate, Eiweiß) sowie Nährstoffe, die keine Energie liefern (Vitamine, Mineralstoffe, Wasser).

P

Patchworkfamilie
Ist eine Familie, die aus verschiedenen Mitgliedern zusammengesetzt ist, z. B. Mann und Frau, die ihre Kinder aus erster Ehe mit in die Familie bringen.

Probiotika/Probiotische Lebensmittel
Lebensmittel, die durch lebende Keime die Darmflora günstig beeinflussen sollen.

Q

Qualitätssiegel
So werden grafische oder schriftliche Markierungen an Produkten bezeichnet, die eine qualitative Aussage geben sollen und oft einen besonderen Bekanntheitsgrad haben.

S

Salmonellen
Das sind Bakterien, die bei Menschen und Tieren Krankheiten verursachen. Häufig erfolgt die Infektion über Lebensmittel, z. B. durch rohe Eier, die von mit Salmonellen infiziertem Geflügel stammen, oder aber auch durch Unsauberkeit im Lebensmittelbereich oder durch unhygienisch aufgetautes Geflügel.

Schimmelpilze
Für den Menschen schädliche Schimmelpilze kennt man z. B. als farbigen Belag auf verdorbenen Lebensmitteln (z. B. Brot, Früchte). In der Regel sind von schädlichem Schimmelpilz befallene Lebensmittel als Ganzes zu entsorgen. Es genügt nicht, die sichtbar betroffenen Stellen wegzuschneiden. Fürs bloße Auge unsichtbar hat sich der Pilz in der Regel bereits ausgebreitet. Einige Schimmelpilzarten sind allerdings auch nicht schädlich und werden als Nahrungsmittel-Veredler eingesetzt (z. B. bei Schimmelkäse und Salami).

Schuldnerberater
Eine Fachperson, die einen berät, wenn man verschuldet ist.

Sensorische Wahrnehmung
Über unsere Sinne testen wir Lebensmittel, indem wir sie sehen, riechen, schmecken und ertasten. Dadurch erkennen wir z. B. den Geschmackswert, den Reifegrad oder ob ein Lebensmittel verdorben ist.

Stapelmakierung
Bei den Supermarkttruhen gibt es eine Grenze, die markiert ist. Über diese Grenze hinaus dürfen keine Tiefkühlprodukte gestapelt werden, da oberhalb die Temperatur nicht mehr gewährleistet ist.

Solanin
Solanin ist eine leicht giftige chemische Verbindung, die vor allem in Nachtschattengewächsen wie Kartoffeln und Tomaten enthalten ist. Werden Kartoffeln falsch gelagert und lange Zeit dem Licht ausgesetzt, steigt der Solaningehalt an, besonders in den Trieben.

T

Tagesleistungskurve
Während des Tages ist der Mensch unterschiedlich leistungsfähig. Die Tagesleistungskurve zeigt, wann ein Körper besonders viel Energie benötigt bzw. verbraucht.

Tara
Dieser Begriff bezeichnet die Differenz zwischen Brutto- und Nettogewicht. Die Tara-Einstellung an der Küchenwaage erlaubt es, nach Auflage der Verpackung oder z. B. eines Tellers, die Anzeige auf Null zu stellen.

Tischsitten
Darunter versteht man die Umgangsformen bei Tisch, genauer beim Einnehmen von Speisen und Getränken in Gesellschaft.

TK-Ware
TK ist die Abkürzung für „tiefkühl", z. B. TK-Ware, TK-Produkte.

Trennkost
Eine Ernährungsform, die besagt, dass man eiweißreiche Lebensmittel nicht gemeinsam mit kohlenhydratreichen Lebensmitteln verzehren soll.

Tunnelgriff
Das ist ein typischer Griff, wenn man Lebensmittel kleinschneidet. Dabei wird das Messer im Hohlraum zwischen Daumen und Zeigefinger geführt.

U

Umweltbewusstsein im Haushalt
Durch unser Verhalten im täglichen Leben, besonders in unserem Haushalt, beeinflussen wir die Umwelt. Jede Entscheidung bereits beim Einkaufen hat weitreichende Folgen, z. B. hinsichtlich Müll und Energieverbrauch.

V

Vegetarier
Ein Mensch, der den Verzehr von Fleisch ablehnt. Wenn jemand auch keine Milch, Milchprodukte und Eier isst und sich von rein pflanzlichen Lebensmitteln ernährt, wird er als Veganer bezeichnet. Das ist eine besondere Form des Vegetarismus.

Vitamine
Sie müssen mit der Nahrung aufgenommen werden und sind wichtiger Bestandteil zur Erhaltung lebenswichtiger Funktionen.

Vollwerternährung
Vorreiter dieser Ernährungsform war Werner Kollath, seine Thesen wurden u. a. von Claus Leitzmann aktualisiert. Die wichtigste These dieser Ernährung lautet: Die Nahrung soll so frisch und natürlich wie möglich sein. Pflanzliche Lebensmittel bzw. eine laktovegetabile Kost sind zu bevorzugen.

Vollwertige Ernährung
Bei der vollwertigen Ernährung werden Lebensmittel und Getränke unter bestimmten Grundsätzen ausgewählt. Sie ist besonders abwechslungsreich, vielseitig und ausgewogen. Das Ziel ist die optimale Versorgung des Körpers mit allen lebensnotwendigen Nährstoffen.

Z

Zusatzstoffe
Das sind die Stoffe, die Lebensmitteln hinzugefügt werden, um sie aufzuwerten. Nicht jeder Zusatzstoff gilt als unbedenklich. Deshalb ist die genaue Kennzeichnung von Zusatzstoffen vorgeschrieben.

Zutatenliste
Die Lebensmittel-Kennzeichnungsverordnung schreibt eine Zutatenliste für fertig abgepackte Lebensmittel vor. Das beinhaltet eine Aufzählung der Stoffe, die einem Lebensmittel zu dessen Herstellung zugegeben wurden. Sie führt die Zutaten in absteigender Reihenfolge ihrer Zugabemenge auf. Bei Zutaten, die bei der Bezeichnung des Produktes hervorgehoben werden (z. B. „mit Hühnerfleisch"), steht bei der jeweiligen Zutat zusätzlich der Anteil in Prozent an der Gesamtmasse. Zusatzstoffe in Lebensmitteln, wie z. B. Farbstoffe, Konservierungsmittel, Emulgatoren usw. können auch durch ihre Kürzel, die sogenannten E-Nummern, aufgelistet werden.

Rezepteverzeichnis

Alphabetisch sortiert

Nach Speisen sortiert

Vorspeisen:

Hauptspeisen:

Nachspeisen/Konfitüre:

Teig/Gebäck:

Weitere Gerichte aus aller Welt:

Stichwortverzeichnis

Bildquellennachweis

Cover1 Fotolia LLC (godfer), New York; **Cover2** Fotolia LLC (Kirsty Pargeter), New York; **7** Ullstein Bild GmbH (Neil Cooper), Berlin; **8** shutterstock (Sklep Spozywczy), New York, NY; **8** iStockphoto (koksharov dmitry), Calgary, Alberta; **12** Logo, Stuttgart; **12** Thinkstock (Photodisc), München; **12** Fotolia LLC (Rich Johnson), New York; **12** Fotolia LLC (Arto), New York; **12** Fotolia LLC (Jaroslav Siroky), New York; **12** Fotolia LLC (treek), New York; **12** Deutsche Vereinigung für Wasserwirtschaft, Abwasser und Abfall e.V. (DWA); **12** Klett-Archiv (Vera Zimmermann), Stuttgart; **13** Photographic service of the Council of the EU © Eu, Bruxelles; **14** Klett-Archiv (Birgit Reitz-Hofmann), Stuttgart; **14** Klett-Archiv (Claus Kaiser), Stuttgart; **14** Wikimedia Foundation Inc. (Simon A. Eugster - CC-BY-SA-3), St. Petersburg FL; **15** Fotolia LLC (Kristina Shukurova), New York; **15** Thinkstock (istockphoto), München; **15** Fotolia LLC (farbeffekte), New York; **15** Fotolia LLC (oscar0), New York; **15** shutterstock (ilker canikligil), New York, NY; **15** shutterstock (A v.d. Wolde), New York, NY; **17** Fotolia LLC (WOGI), New York; **17** Wimmelbild zu den Gefahrenquellen in der Küche, aus: Der Haushaltsführerschein, Bestell-Nr. 3524 © Persen Verlag GmbH, Buxtehude 2010; **18** Fotolia LLC (W@W), New York; **18** shutterstock (Ragnarock), New York, NY; **18** Fotolia LLC (graphicdog), New York; **18** shutterstock (Vlue), New York, NY; **18** Fotolia LLC (life_artist), New York; **18** Fotolia LLC (monregard), New York; **18** Fotolia LLC (Silke Lorenz), New York; **18** Fotolia LLC (Neobrain), New York; **18** Thinkstock (istockphoto), München; **18** Fotolia LLC (fefufoto), New York; **18** Fotolia LLC (Andreas Gradin), New York; **18** Thinkstock (Hemera), München; **18** Thinkstock (PhotoObjects.net), München; **18** Fotolia LLC (blende40), New York; **19** Thinkstock (PhotoObjects.net), München; **19** Fotolia LLC (ExQuisine), New York; **19** shutterstock (Natalia Bratslavsky), New York, NY; **20** Fotolia LLC (Albert Schleich), New York; **21** iStockphoto, Calgary, Alberta; **21** Thinkstock (istockphoto), München; **21** Fotolia LLC (normond), New York; **21** Fotolia LLC (SyB), New York; **22** Fotolia LLC (Natalia Sevriukova), New York; **22** Thinkstock (istockphoto), München; **25** Thinkstock (Polka Dot), München; **26** iStockphoto (alle12), Calgary, Alberta; **26** Klett-Archiv (Markus Hess/Trainee AG), Stuttgart; **26** Pixelio.de (Andreas Morlok), München; **26** Thinkstock (Hemera), München; **26** Fotolia LLC (Daniel Täger), New York; **26** Thinkstock (photodisc), München; **27** Fotolia LLC (Mark Matysiak), New York; **27** Thinkstock (istockphoto), München; **27** Thinkstock (Polka Dot Images), München; **28** Thinkstock (Digital Vision), München; **28** Fotolia LLC (LianeM), New York; **28** Dreamstime LLC (Jörg Beuge), Brentwood, TN; **28** Thinkstock (istockphoto), München; **28** Thinkstock, München; **29** Thinkstock (istockphoto), München; **30** Fotolia LLC (Sarie), New York; **30** Thinkstock (Brand X Pictures), München; **30** Thinkstock (istockphoto), München; **30** shutterstock (Bratwustle), New York, NY; **30** Fotolia LLC (marcfotodesign), New York; **31** Fotolia LLC (Sarie), New York; **31** Fotolia LLC (Carmen Steiner), New York; **31** Fotolia LLC (Tim Friedrich), New York; **31** iStockphoto (ClausAlwinVogel), Calgary, Alberta; **32** Fotolia LLC (Yvonne Bogdanski), New York; **32** Fotolia LLC (blende40), New York; **33** Thinkstock (liquidlibrary), München; **33** Thinkstock (istockphoto), München; **34** Fotolia LLC (creative studio), New York; **34** Fotolia LLC (K.-U. Häßler), New York; **34** Thinkstock (istockphoto), München; **35** Fotolia LLC (awfoto), New York; **35** Fotolia LLC (ExQuisine), New York; **35** iStockphoto (Olga Nayashkova), Calgary, Alberta; **38** Fotosearch Stock Photography (Stock Disc), Waukesha, WI; **39** aid infodienst (Cleves Media, Claudia Rick), Bonn; **39** Thinkstock (istockphoto), München; **39** Fotolia LLC (Edyta Pawlowska), New York; **39** shutterstock (Melanie Kintz), New York, NY; **39** shutterstock (woodygraphs), New York, NY; **40** Fotolia LLC (Herby (Herbert) Meseritsch), New York; **40** Klett-Archiv (Vera Zimmermann), Stuttgart; **40** iStockphoto (KRUS), Calgary, Alberta; **40** Thinkstock (Hemera), München; **40** Thinkstock (istockphoto), München; **40** Fotolia LLC (Yvonne Bogdanski), New York; **40** shutterstock (Colour), New York, NY; **41** shutterstock (holligan78), New York, NY; **41** Thinkstock (istockphoto), München; **41** Fotolia LLC (blende40), New York; **41** Fotolia LLC (monregard), New York; **43** shutterstock (RF/Photo Create), New York, NY; **43** Fotolia LLC (Denis Pepin), New York; **45** shutterstock (bloody), New York, NY; **46** Fotolia LLC (Karen Struthers), New York; **47** Thinkstock (iStockphoto), München; **47** Thinkstock (istockphoto), München; **47** Thinkstock (iStockphoto), München; **48** Fotolia LLC (BVDC), New York; **54** Getty Images RF (PhotoDisc), München; **56** Fotolia LLC (Denis Pepin), New York; **65** Thinkstock (Photodisc), München; **66** Thinkstock (Hemera), München; **67** Fotolia LLC, New York; **68** Fotolia LLC (Barbara Pheby), New York; **69** Thinkstock (Hemera), München; **71** Thinkstock (istockphoto), München; **72** Fotolia LLC (Twilight_Art_Pictures), New York; **72** Fotolia LLC (Petra Gurtner), New York; **72** Thinkstock (istockphoto), München; **73** Fotolia LLC (ermess), New York; **73** Thinkstock (Photodisc), München; **73** Fotolia LLC (Béatrice Nègre), New York; **73** Fotolia LLC (Christian Jung), New York; **73** Klett-Archiv (Katrin Schätlein), Stuttgart; **74** Thinkstock (istockphoto), München; **75** Wikimedia Foundation Inc. (PD/National Institutes of Health US), St. Petersburg FL; **76** Fotolia LLC (Birgit Reitz-Hofmann), New York; **76** Fotolia LLC (Olga Lyubkina), New York; **76** shutterstock (Crisp), New York, NY; **76** shutterstock (Daniel Hixon), New York, NY; **77** Klett-Archiv (Andreas Henseler), Stuttgart; **77** shutterstock (Lepas), New York, NY; **77** Thinkstock (iStockphoto), München; **77** shutterstock (Feverpitch), New York, NY; **77** Thinkstock (istockphoto), München; **78** shutterstock (Graça Victoria), New York, NY; **81** Imago (Jochen Tack), Berlin; **82** Imago (Niehoff), Berlin; **83** Klett-Archiv, Stuttgart; **84** RAL, Sankt Augustin; **84** Logo, Stuttgart, **84** MSC (www.msc.org), Berlin; **85** Logo, Stuttgart; **89** Logo, Stuttgart; **89** Logo (Nike), Stuttgart; **91** shutterstock (Gina Smith), New York, NY; **91** iStockphoto (pinobarile), Calgary, Alberta; **91** Fotolia LLC (ExQuisine), New York; **91** Thinkstock (istockphoto), München; **93** Avenue Images GmbH RF (stock disc), Hamburg; **93** Fotolia LLC (Visionär), New York; **93** Fotolia LLC (John Tomaselli), New York; **93** Klett-Archiv (Vera Zimmermann), Stuttgart; **101** Getty Images RF (Stockbyte/George Doyle), München; **101** Fotosearch Stock Photography (Stockbyte), Waukesha, WI; **104** iStockphoto (pinobarile), Calgary, Alberta; **104** Fotolia LLC (ExQuisine), New York; **104** Thinkstock (istockphoto), München; **111** iStockphoto (Kathye Killer), Calgary, Alberta; **113** iStockphoto (Kathye Killer), Calgary, Alberta; **113** shutterstock (Monkey Business Images), New York, NY; **113** Imageshop (Imageshop), Düsseldorf; **113** Fotolia LLC (JENS SCHMIDT), New York; **121** Thinkstock (Pixland), München; **122** shutterstock (Ulrich Willmünder), New York, NY; **126** Fotolia LLC (M&S Fotodesign), New York; **127** Ullstein Bild GmbH (Imagebroker.net), Berlin; **129** Fotolia LLC (Michael Möller), New York; **136** shutterstock (Victor Newman), New York, NY; **138** shutterstock (Elena Elisseeva), New York, NY; **140** shutterstock (Elena Elisseeva), New York, NY; **142** Fotolia LLC (Valua Vitaly), New York; **143** iStockphoto (felinda), Calgary, Alberta; **143** shutterstock (Noam Armonn), New York, NY; **144** shutterstock (Silvia Bogdanski), New York, NY; **144** shutterstock (straga), New York, NY; **147** shutterstock (S. Miroff), New York, NY; **148** MEV Verlag GmbH, Augsburg; **148** shutterstock (Silvia Bogdanski), New York, NY; **149** shutterstock (Rafa Irusta), New York, NY; **150** iStockphoto (RF/Seb Chandler), Calgary, Alberta; **151** Fotolia LLC (Pixelspieler), New York; **152** iStockphoto (alle12), Calgary, Alberta; **153** shutterstock (Elzbieta Sekowska), New York, NY; **154** shutterstock (Nitr), New York, NY; **155** shutterstock (Martin Turzak), New York, NY; **157** shutterstock (Paul Cowan), New York, NY; **157** Thinkstock (istockphoto), München; **165** shutterstock (Shirinov), New York, NY; **165** Thinkstock (istockphoto), München; **165** shutterstock (ilker canikligil), New York, NY; **165** shutterstock (Colour), New York, NY; **165** MEV Verlag GmbH, Augsburg; **165** shutterstock (Edward Hardam), New York, NY; **165** shutterstock (Kruglov_Orda), New York, NY; **165** Thinkstock (Hemera), München; **165** Fotolia LLC (GYNEX), New York; **165** iStockphoto (Alina Solovyova-Vincent), Calgary, Alberta; **165** shutterstock (holligan78), New York, NY; **165** Fotolia LLC (Andreas Gradin), New York; **165** Fotolia LLC (blende40), New York; **165** shutterstock (nito), New York, NY; **165** shutterstock (nito), New York, NY; **165** Fotolia LLC (Silke Lorenz), New York; **165** Fotolia LLC (monregard), New York; **165** shutterstock (Ragnarock), New York, NY; **165** shutterstock (Ljupco Smokovski), New York, NY; **165** shutterstock (Vereshchagin Dmitry), New York, NY; **165** Fotolia LLC (Birgit Reitz-Hofmann), New York; **165** Fotolia LLC (fefufoto), New York

Textquellennachweis

58 © Deutsche Gesellschaft für Ernährung e. V., Bonn

Sollte es in einem Einzelfall nicht gelungen sein, den korrekten Rechteinhaber ausfindig zu machen, so werden berechtigte Ansprüche selbstverständlich im Rahmen der üblichen Regelungen abgegolten.

1. Auflage 1 8 7 6 5 4 | 2016 15 14 13 12

Programmbereich Klett-Auer

Autorinnen: Heike Böker, Tina Mischke, Gerlinde Peickert
Beraterinnen: Inge Hochgesang, Ute Manneck

Herstellung: Carolin Orlamünder, Andreas Müller

Umschlag- und Innengestaltung: Gourdin & Müller, Leipzig
Illustrationen: Hendrik Kranenberg, Drolshagen
Satz: krauß-verlagsservice, Augsburg
Druck: Offizin Andersen Nexö, Leipzig

Printed in Germany
ISBN 978-3-12-006575-3

9 783120 065753